Monika Lustig

Leoluca Orlando

Palermos Bürgermeister –
ein Politiker
im Kampf gegen die Mafia

BASTEI
LÜBBE

BASTEI-LÜBBE-TASCHENBUCH
BAND 61 314

Erstveröffentlichung
1994 by Gustav Lübbe Verlag GmbH,
Bergisch Gladbach
Printed in Germany, Januar 1995
Einbandgestaltung: K.K.K., Köln
Titelbild: P.A., Norbert Kesten
Satz: Textverarbeitung Alessandra Schwarz, Köln
Druck und Bindung: Ebner Ulm
ISBN 3-404-61314-7

Der Preis dieses Bandes versteht sich einschließlich
der gesetzlichen Mehrwertsteuer.

Dieses Buch widme ich Giuliano Naria, Cornelia Leitner, Lorenzo Ruggiero und meinem Sohn Gabriele.

»Die Italiener zeichnen sich durch eine mangelhafte Gesellschaftsform aus, und das läßt sie zynisch werden; in der Tat nennen sie keine schöne Gesellschaftsform ihr eigen, die es verstünde, einem jeden seinen eigenen Geschmack, seinen eigenen *bon ton*, vielleicht sogar seine eigene Ethik aufzuerlegen. Von der Aufklärung ist ihnen nur die radikale, zerstörerische Seite verblieben, die sie zum Bewußtsein um die Vergeblichkeit der Existenz und des Fehlens eines jeglichen authentischen Lebensziels gebracht hat. Das hat ihre Neigung zum Spott, zum Sarkasmus, zum grausamen Spiel verstärkt, die sich zwar als Ausdruck eines ungezügelten und gleichermaßen heiteren Charakters geben mag, doch in Wirklichkeit und im Grunde genommen die verzweifelte Melancholie dieser Leute darstellt.« (Giacomo Leopardi, *Diskurs über den aktuellen Sittenstand der Italiener,* 1824).

Inhalt

Vorwort

Dieses Buch will keine Analyse der rein politischen Erfahrungen Orlandos sein. Es erhebt auch keinen Anspruch auf Vollständigkeit sämtlicher politischer oder historischer Fakten seit Orlandos Betreten der öffentlichen Bühne. Ebensowenig versteht es sich als Beitrag für oder gegen eine bestimmte Partei oder Parteienbewegung. Sämtliche Positionen pro und contra Orlando, seine Politik und sein Schaffen darzustellen und zu diskutieren hätte den biografischen Erzählrahmen gesprengt.

Dieses Buch stellt vielmehr den Versuch dar, Leoluca Orlando aus den unterschiedlichsten Perspektiven zu beleuchten. Eine Person, die als öffentliche Figur auch das grellste Licht nicht scheut, die aber ihre privaten Seiten selbst gern in weicheres Licht getaucht sehen will.

Ich habe versucht, die Zeichen, die Luca, wie er gern von seinen Freunden genannt werden will, im Laufe seiner persönlichen und politischen Entwicklung gesetzt hat (und sie weiterhin setzt), auf eine biografische Reihe zu bringen, die dem Leser sicherlich an manchen Stellen eine gewisse Assoziationsbereitschaft abverlangt. Mein Anspruch geht jedoch dahin, durch die manchmal recht aufregende Verbindung dieser Zeichen mit vorgegebenen historischen und kulturellen Situationen eine neue Optik, eine neue Perspektive zu schaffen.

Auf die Frage, die mir im Laufe der Ausarbeitung dieses Buchs so oft gestellt wurde: »Wie findest du ihn denn? Wie ist er denn so?«, konnte ich immer nur ganz einfach antworten: »Ich find' ihn gut«, auch wenn oder gerade weil die tausend Widersprüchlichkeiten, die Orlando in sich trägt, sich wie Mühlsteine in meinem Kopf drehten. Ich hoffe, daß mein eigener kritischer Ansatz auch jedem Leser zugänglich werden wird.

Leoluca Orlandos positive Ausstrahlung rührt von seiner Lebendigkeit her, die sich bei ihm mit echter Lernfähigkeit paart. Orlando ist originell – er behauptet von sich selbst, kein Unterbewußtsein zu besitzen. Er zeichnet sich nicht gerade durch sokratische Bescheidenheit aus, und Fehler zuzugeben fällt ihm nicht leicht. Gerade die Last seiner vielschichtigen und teils doktrinären Erziehung abgeworfen zu haben macht sein Engagement in dem gefährlichen Kampf namens Politik glaubwürdig. Und diese Glaubwürdigkeit ist der Stoff, aus dem sein Charisma gemacht ist. Ein Charisma, das Bestand hat, auch wenn die Menschen immer schon ein ausgeprägtes Bedürfnis nach Heldengestalten hatten. Und seit Menschengedenken haben sich auch viele Scharlatane als Helden aufgespielt.

Wenige Wochen vor der Fertigstellung dieses Textes rief Orlando mich an und stellte ganz zu meiner Freude seinen Besuch bei mir in der Toskana in Aussicht: »Ja, liebe Monika, dieses Mal wird's ganz bestimmt wahr!«

Ich stellte mir die Szene vor: Orlando in meiner verschachtelten Wohnung an der Piazza, mit Blick auf Hügel und Zypressen, vielleicht ein wenig Beethoven im Hintergrund oder Pink Floyd, die Leibwächter vor der Tür. Ich hätte ihm kaum Fragen gestellt. So hätte ich wenigstens keine druckreifen Antworten bekommen. Ich hätte auch keine Grundsatzdiskussion mit ihm begonnen. Ich hätte ihn einfach reden lassen, über sich, nur über sich. Palermo, das Rathaus, der Terminkalender – alles wäre in weite Ferne gerückt. Die einzige Bedingung: keine Selbstzensur. »Luca, erzähl mir von dir, wie ein ›normaler‹ Mensch.«

P.S. Am letzten Tag meines Palermoaufenthaltes ging ich nochmal zum Rathaus auf der Piazza Pretoria. Dieser Platz wird auch *Piazza delle vergogne* (Platz der Scham) genannt, weil hier der Florentiner Bildhauer Francesco Camillani im 16. Jahrhundert einen großen Brunnen errichtete, der mit nackten weiblichen Statuen geschmückt ist. An diesen Schönheiten lehnten, halb sitzend, halb stehend und heftig gestikulierend, einige Tagediebe. Ich ging langsam zwischen ihnen und dem Rathaus weiter, den Fotoapparat in meiner großen Tasche verborgen, und schaute mir die Gedenktafeln an. Ich drehte mich halb zu den Männern um, streifte sie mit einem vorsichtigen Blick und setzte meinen Weg fort. Nach einigen Metern öffnete ich ganz langsam meine Tasche, um die Kamera herauszuholen, bemerkte aber hinter meinem Rücken eine seltsame Bewegung. Ich drehte mich um: Sämtliche Halunken waren wie vom Erdboden verschluckt, einfach weg. Sie wußten also genau, daß ich im Begriff gewesen war, mein Starfoto zu schießen – und machten mir einen Strich durch die Rechnung! Der Grund für dieses absonderliche Verhalten lag auf der Hand: Mitglieder »mafioser Vereinigungen« scheuen das Licht der Öffentlichkeit. Ich konnte mir das Lachen kaum verkneifen. Gott sei Dank war ich nicht als Fotoreporterin in Palermo unterwegs. Ich brachte also ein Foto mit Rathaus, Gedenktafeln und nackten Frauenfiguren, ein weiteres von dem wunderschönen, halbzerfallenen Barockpalast mit. Aber ohne die pittoreske Gruppe aus der palermischen Unterwelt!

I

Ein Schritt zurück - Orlandos politisch-biografischer Hintergrund

1. Der Zweite Weltkrieg nimmt eine entscheidende Wende: Die Mafia meldet sich zurück

In der Nacht vom 9. auf den 10. Juli 1943 begann längs der sizilianischen Südküste zwischen Licata und Gela die Operation *Husky*. 450.000 amerikanische, englische, kanadische und afrikanische Soldaten landeten dort auf 3.000 Kriegsschiffen und Frachtdampfern, um Italien vom Faschismus zu befreien und den Zweiten Weltkrieg zu einem Ende zu bringen.

Der sizilianische Schriftsteller Leonardo Sciascia schildert in seiner Erzählung *La guerra spiegata al popolo* dieses Ereignis aus der Sicht eines fahrenden Händlers, der im Morgengrauen des 10. Juli 1943 aus Licata geflüchtet war und vor Schreck seine Waren dort zurückgelassen hatte. Nach langem Herumirren war dieser teils zu Fuß, teils auf Militärfahrzeugen endlich in seinen Heimatort gelangt und erzählte dort jedem, den er auf dem Dorfplatz traf, was er Ungeheuerliches gesehen hatte: »Stell dir vor, man konnte die Wasseroberfläche nicht mehr erkennen, so dicht war das Meer mit Schiffen bedeckt, noch nie waren so viele Schiffe auf einmal zu sehen. Das Meer war schwärzer als schwarz. Ihr könnt euch das nicht vorstellen, es ist nicht zu glauben ... so viele Schiffe!« Und wie in Trance wiederholte er: »Der Hahnrei, und wie hätte er da siegen wollen?« Und auch dem Sekretär der faschistischen Partei erzählte er von dem Meer und den Schiffen und sagte: »Der Hahnrei, wie hätte er da siegen wollen?« Man machte ihm ein Zeichen zu schweigen. Doch er achtete nicht darauf. Denn er hatte es mit eigenen Augen gesehen und wußte mit Sicherheit, daß jener Hahnrei nicht mehr siegen konnte. Jener Hahnrei, damit war natürlich Mussolini gemeint, der noch wenige Tage vor der Landung der Alliierten den Verlust Siziliens für »absolut unmöglich« erklärt hatte.

Auch der Kommandant der 6. italienischen Armee, Mario Roatta, war einen Monat zuvor »voller Zuversicht«, Sizilien halten zu können. Seine großspurige Proklamation: »*Ihr* stolzen Sizilianer und *wir* italienischen und germanischen Soldaten der Streitkräfte in Sizilien werden dem Feind schon zeigen, daß er hier nicht durchkommt« gefiel den »stolzen« Sizilianern ganz und gar nicht und zeitigte noch heftige Nachwirkungen. Denn das italienische Festland war es, das gegebenenfalls nicht ohne Sizilien würde existieren können – und nicht umgekehrt.

Winston Churchill hatte auf der Casablanca-Konferenz im Januar 1943 Sizilien vor Sardinien als Landungsplatz der alliierten Truppen den Vorzug gegeben. Unter strategischem Gesichtspunkt wäre eine Besetzung Sardiniens wesentlich günstiger gewesen, doch unter politischem Aspekt stand Sizilien zweifelsohne an erster Stelle, denn es ging ja nicht um die Eroberung einer Insel, sondern um den Zusammenbruch der faschistischen Regierung Italiens. Und Italien hatte die Eroberung seines »historisch wichtigen Territoriums« Sizilien nicht einfach hinnehmen können und wurde so gezwungen, einen Sonderfrieden mit den Alliierten zu schließen.

Die Insel war nicht nur die erste Region Italiens, sondern das erste europäische Territorium, aus dem die faschistischen Truppen vertrieben wurden.

Die Landung der Alliierten war gründlich von seiten der englischen und französischen, aber vor allem der amerikanischen Geheimdienste vorbereitet worden. Historisch nachgewiesen sind die Verbindungen zwischen CIA und Cosa Nostra, die bei der Besetzung Westsiziliens durch die Alliierten eine ausschlaggebende Rolle gespielt haben; man brauchte die Mafia zum einen zur genaueren Kenntnis der örtlichen Gegebenheiten und der landesüblichen Sitten. Zum anderen sorgten die Vertreter der großen italo-amerikanischen Clans dafür, die Reaktion der sizilianischen Bevölkerung gegenüber den Invasoren zu dämpfen. Auch leistete das italienische Militär keinen nennenswerten Widerstand. Dieser Umstand trug wiederum beachtlich zur Schwächung des Widerstands der deutschen Truppen bei. Aus diesem Grund fanden bei der Besetzung der strategisch wichtigen Punkte Westsiziliens (im Unterschied zu Ostsizilien) keine Kampfhandlungen statt.

Die Eroberung der Insel ging mit größter Geschwindigkeit vor sich: Die amerikanischen Truppen stießen nur bei ihrer Landung an der Küste zwischen Gela und Licata auf verteidigungsbereite, wenn auch erschöpfte italienische Soldaten und mußten schwere Verluste hinnehmen. Kurz darauf jedoch wurde Palermo wie durch ein Wunder dem General Patton überlassen, und innerhalb von drei Tagen hatten die Alliierten den Westteil der Insel besetzt. Die deutschen Truppen waren im übrigen bei der sizilianischen Bevölkerung recht unbeliebt. Man machte sie dafür verantwortlich, den Krieg auf die Insel gebracht zu haben. Darüber hinaus hatten sie die Vorräte und Lebensmittel der Bauern beschlagnahmt und verzehrt.

Fünf Tage nach der Landung der Alliierten fuhren drei amerikanische Panzerfahrzeuge nach Villalba, um den Boß der sizilianischen Mafia, Calogero Vizzini (Don Calò), zusammen mit seinem Patensohn Damiano Lumia, einem Italo-Amerikaner, abzuholen; letzterer war von den kriegerischen Ereignissen in Sizilien festgehalten worden und sollte sich nun als Dolmetscher im Dienst der amerikanischen Besatzer nützlich machen. Don Calò wurde am 23. Juli 1944 auf der Piazza von Villalba von Leutnant Becker vom *Civil Affairs Office* der amerikanischen Militärverwaltung (*Amgot*) zum Bürgermeister des Orts ernannt. Seinen Männern und Helfershelfern wurde am selben Tag die Genehmigung erteilt, sich mit Gewehren und Pistolen bewaffnet in der Öffentlichkeit zu zeigen, um die ihnen vom neuen Bürgermeister anvertrauten Aufgaben erfüllen zu können. Andere Mafiosi in anderen Ortschaften wurden von *Amgot* in ähnliche Machtpositionen versetzt.

»Vito Genovese, Don Vitone, Boß aller Mafiafamilien des Staats von New York (…), der 1936 fluchtartig die Vereinigten Staaten verlassen hatte, wo er wegen mehrerer Mordfälle unter Anklage stand, wurde zum persönlichen Dolmetscher von Oberst Charles Poletti, des ehemaligen Gouverneurs von New York und jetzigen Chefs des *Amgot*« (Pantaleone, *Omertà*, S. 119). Doch dies war nur seine offizielle Tätigkeit. In Wirklichkeit beschäftigte er sich mit dem Aufbau und der Organisation des Drogenhandels in Europa nach amerikanischem Modell.

Bei der Verhaftung Genoveses 1944 in Nola (Neapel) durch die amerikanische Polizei fand man bei ihm Führungszeugnisse und Passierscheine, die die Unterschrift Polettis trugen und ihm Zugang zu den Kommandostellen der Alliierten und den Büros des *Amgot* sowie zu sämtlichen italienischen Amtsstellen verschafften. Seine Haft in Neapel dauerte nur drei Tage, so gut war er von allerhöchster Stelle protegiert. Die Investitur im Namen der Legalität garantierte der Mafia die lang ersehnte und weitreichende Macht. Nie wieder sollte es Cosa Nostra gelingen, so offizielle Beziehungen zu den Zentralen der Macht herzustellen wie im Jahr 1943. Sie unterstand nicht mehr der Kontrolle des Staats und sah sich weniger denn je zur Einhaltung seiner Gesetze verpflichtet. Im übrigen war der italienische Staat ja selbst in jenem Moment in Sizilien durch die Militärbesatzer seiner Machtbefugnisse enthoben, und das italienische Festland unterstand noch der Herrschaft der Deutschen.

»Unter strategischem Aspekt ist diese Taktik sehr verständlich. Es geht darum, amerikanische Menschenleben zu schützen (die Soldaten, d.A.), und die politische Intelligenz der Vereinigten Staaten kann nicht leugnen, daß das organisierte Verbrechen eine wesentliche Komponente des öffentlichen Lebens ist, die nicht außer acht gelassen werden darf. Im übrigen mischen die »Familien«, die *little Italy* berühmt machen, in den weitverzweigten Wählervereinigungen der Demokratischen Partei mit, die seit gut zehn Jahren den Präsidenten Roosevelt unterstützen.« (Deaglio, *Raccolto*, S. 123)

Von italienischer Seite aus gesehen, verhalf diese Operation der Mafia wieder zu der politischen Macht, die ihr vom faschistischen Regime genommen worden war.

Die Zeit des Faschismus in Italien stellte den einzigen Zeitraum dar, in dem die Macht der Mafia stark beschränkt war. Denn bis dahin basierte die Aggressivität des Mafioso auf der festen Überzeugung, im Namen des Gesetzes zu handeln. Diese Überzeugung wurde von den Fakten untermauert. Seit 1860 bestand eine grundsätzliche Anerkennung der Mafiaautorität seitens der staatlichen Autorität. Tatsächlich war die Zentralregierung auf die Zusammenarbeit mit der Mafiamacht für die Aufrechterhaltung der öffentlichen Ordnung in weiten Bereichen Siziliens und Kalabriens angewiesen. Die Mafia bedeutete für den Staat einen Minimalaufwand an menschlichen und finanziellen Energien. Nach der nationalen Vereinigung Italiens (1861) hieß das Leitmotiv bei der Verwaltung der öffentlichen Ordnung *laissez-faire* gegenüber den örtlichen *élites*.

Ausgenommen davon waren besonders schwerwiegende Krisensituationen, in denen der Einsatz des Militärs erforderlich war. In den Gegenden, in denen die Machtelite aus Mafiosi bestand, lief das Ganze darauf hinaus, daß man aus den Reihen der Mafiosi das Personal für die Polizeikommissariate rekrutierte. (...) Im übrigen hatte ein Mitglied der »ehrenwerten Gesellschaft« am Ende eines schwierigen Selektionsprozesses ein eindeutiges Interesse daran, die eigene Machtposition auf jede erdenkliche Weise zu legitimieren. (...) Die Legitimierung der Mafiagewalt wird aus unzähligen öffentlichen Akten erkennbar und konnte so weit gehen, daß Mafiafunktionen und richterliche Funktionen zusammenliefen. So ist es im Fall des Mafioso Di Carlo zu sehen, der zum Friedensrichter des Ortes Raffadali ernannt und mit einem Führungszeugnis ausgestattet wurde, das ihn bei sämtlichen polizeilichen Autoritäten der Provinz Agrigent akkreditierte.

Wie folgenschwer der Zusammenschluß von Mafiagewalt und legitimer Staatsgewalt war, hat sich deutlich in der schweren Krisensituation der staatlichen Autorität gerade in Sizilien gezeigt.« (Arlacchi, *La Mafia*, S. 57-59).

Die »Organisation« hatte sich während des Faschismus dennoch einen gewissen gesellschaftlichen Einfluß bewahren können, der sich dann, wie schon dargelegt, positiv auf die Operationen der anglo-amerikanischen Truppen auswirkte.

»Die Öffentlichkeit bekam erst in den fünfziger Jahren und nur vage etwas von diesem Geklüngel zwischen Mafia und sizilianischer Militärverwaltung mit, als Indro Montanelli vom Mafiaboß Calogero Vizzini als einem ›alten Patriarchen‹ sprach, der 1943 den Übergang der Machtbefugnisse kontrolliert hatte. Die Mafia erschien im damaligen Italien des Wirtschaftswunders als gänzlich zweitrangige Erscheinung und erhielt ebenfalls ein demokratisches und antifaschistisches Etikett.« (Galli, *Storia*, S. 11)

Das mythisch verzerrte Bild der traditionellen Mafia konnte sich ungebrochen bis zum Ende des Zweiten Weltkriegs halten und hat auch in der heutigen Zeit noch eine starke Symbolfunktion. Es ist gerade für die Interessen der offiziellen staatlichen und wirtschaftlichen Mächte von Nutzen, die sich unter dem Deckmantel allgemein gültiger und von der großen Mehrheit der Öffentlichkeit geteilter Werte mit der effizienten und im Aufstieg begriffenen neuen Unternehmermafia zu einem teuflischen Pakt zusammengeschlossen haben.

Der sizilianische Rechtsanwalt, Vorsitzende der liberalen Partei und 1917 schließlich italienische Ministerpräsident Vittorio Emanuele Orlando (1860-1952, nicht verwandt mit Leoluca Orlando) gab in der folgenden Erklärung (im Laufe einer öffentlichen Wahlkundgebung im Teatro Massimo in Palermo im Juni 1925) eine vollständige Synthese der damaligen Ideologie der traditionellen Mafia wieder:

»Wenn man unter Mafia das bis ins Extrem gelebte Ehrgefühl versteht, die Unduldsamkeit jeglicher Arroganz und Gewalttätigkeit gegenüber dem Schwächeren, die Großmut, mit der man dem Mächtigen die Stirn bietet, aber dem Schwachen gegenüber Nachsicht übt, die von Treue untermauerten Freundschaften … wenn man eben unter Mafia all diese Gefühle und diese Verhaltensweisen versteht, auch wenn diese im Übermaß ausgelebt werden… es sich in diesem Sinn also um individuelle Merkmale der sizilianischen Seele handelt, erkläre auch ich mich zum Mafioso und bin stolz darauf, es zu sein.« (*Dizionario storico*)

Der Beifall war natürlich groß. Doch sein Ziel, die Wählerstimmen der Mafia auf sich zu vereinen, verfehlte er trotzdem. Obwohl der erfahrene Politiker und Jurist die Stimmungsschwankungen der sizilianischen Öffentlichkeit gut kannte, »schien er dieses Mal übersehen zu haben, daß die Mafia immer schon im Schatten der Machthaber gelebt hat« (Nicola Cattedra, *Il filo nero*). Und das bedeutete im Klartext: Die Mafiafamilien in Palermo und ihre Anhänger wählten die neuen Herren der Stunde, die Faschisten.

Viele sizilianische Immigranten in den Vereinigten Staaten, die von den Amerikanern nicht als Feinde, sondern eher als potentielle Verbündete angesehen wurden, kehrten nach dem Zweiten Weltkrieg in ihre Heimat zurück, nachdem sie aufgrund ihrer verbrecherischen Aktivitäten auf amerikanischem Boden für unerwünscht erklärt worden waren. Lucky Luciano, der namhafteste Vertreter der »Familien«, wurde begnadigt und als freier Mann nach Italien zurückgeschickt, wo er sich in Neapel niederließ. Viele Sizilianer, die wegen ihrer Zugehörigkeit zu Mafiakreisen unter dem Faschismus verfolgt worden waren – der Polizeipräfekt Cesare Mori hatte eine harte Repressionskampagne gegen sie geführt –, verwandelten sich blitzschnell und dem Gebot der Stunde folgend in Antifaschisten und schlugen sich auf die Seite der Sieger. Die parlamentarische Untersuchungskommission des italienischen Senats, die in der 6. Legislaturperiode mit einer Untersuchung zum Phänomen Mafia in Sizilien befaßt war, sprach von einer »blitzartigen Wiederbelebung der Mafia und ihrer Aktivitäten« ab dem Zeitpunkt der Landung der Alliierten auf der Insel.

Der historische Stadtkern Palermos war schon im Mai 1943 von verheerenden Bombenangriffen der Alliierten zerstört worden. Die Stadt Palermo wurde am 22. Juli besetzt. Nicht nur Palermo, sondern alle kleineren Städte und Ortschaften wurden bei Ankunft der alliierten Truppen von ihren faschistischen Regierungsbeamten, Bürgermeistern, Sekretären sich selbst überlassen, nur der Klerus hielt die Stellung.

Alle Bereiche der öffentlichen Verwaltung wurden vom *Amgot* neu geordnet und mit neuem Personal besetzt. Die Verlagerung des Hauptquartiers des *Amgot* von Syrakus nach Palermo – was eine Aufwertung Palermos als ehemaliger und neuer Hauptstadt der Insel bedeutete – bestärkte die Vormachtstellung des Westteils Siziliens und seiner Führungsgruppen gegenüber dem Rest der Insel.

Die politischen Zentren in Palermo wurden vom Komitee für die sizilianische Unabhängigkeit (CIS) unter Vorsitz von Andrea Finocchiaro Aprile, der Arbeiterfront (*Fronte del lavoro*), in der sich Kommunisten und Sozialisten zusammengefunden hatten, und dem *Circolo dello scopone*, der sich aus Vertretern der nationalen Antiseparatismusbewegung gemäßigter liberal-demokratischer Couleur, aber auch aus Katholiken und Radikalreformisten zusammensetzte, gebildet. Diese Gruppierungen waren für das *Amgot* nicht nur Gesprächspartner, sondern wurden in den verschiedenen Verwaltungsbereichen der Militärregierung auch aktiv eingesetzt. Und ihre Funktionen behielten sie auch nach dem Ende der Militärverwaltung bei.

Zu den zahlreichen Maßnahmen für die Neuordnung des politischen und öffentlichen Lebens durch das *Amgot* gehörte auch die Neubesetzung der Professorenämter an den drei sizilianischen Universitäten Palermo, Messina und Catania. Zu Rektoren wurden die drei Professoren Giovanni Baviera, Spitzenvertreter des schon genannten *Circolo dello scopone*, Gaetano Martino, zukünftiger Außenminister der italienischen Regierung, und Mario Petroncelli ernannt. Petroncelli war ein bedeutender Vertreter des katholischen Klerus in der Provinz Catania und wurde vom dortigen Erzbischof Patanè protegiert.

Die sechzehn neu eingesetzten Universitätsprofessoren waren entweder alle Mitglieder der Antiseparatismusbewegung oder dieser Bewegung zugeneigt. Darunter war auch der Rechtsanwalt und Professor für Agrarrecht an der Universität Palermo Salvatore Orlando Cascio, Vater von Leoluca Orlando.

Benito Mussolini wurde am 25. Juli 1943 verhaftet. Die Einnahme Siziliens durch die Alliierten bedeutete das Ende des italienischen Faschismus. Am 3. September unterzeichneten die neue Regierung unter dem Feldmarschall Badoglio und das Kommando der alliierten Streitkräfte den Waffenstillstand in dem kleinen Ort Cassibile bei Ragusa. Italien war nun nicht nur zweigeteilt, wie man gemeinhin annimmt. Neben der Republik von Salò im Norden und der Regierung Badoglio im Süden gab es noch Sizilien, das von der alliierten Militärregierung verwaltet wurde. Die größte der italienischen Inseln war also im Jahr 1943 ein Land ohne Regierung. Sich dem Rest Italiens in die Arme zu werfen erschien in dieser Situation nicht als die vielversprechendste Lösung.

Italien war nach den Ereignissen in Sizilien gezwungen, sich von seinem deutschen Verbündeten loszusagen und seine bedingungslose Niederlage zu erklären.

Die Widerstandsbewegung (*Resistenza*) unterstützte nach dem Sturz Mussolinis in Mittel- und Norditalien die vorwärtsdringenden alliierten Befreiungstruppen. Eine vergleichbare Partisanenbewegung war auf Sizilien nicht aktiv geworden.

Als das *Amgot* im Februar 1944 die Regierungsführung Siziliens der savoyischen Verwaltung (noch hatte Italien seinen König Umberto von Savoyen) unterstellte, brach auf der Insel eine anti-italienische Protestbewegung los. Diese Rebellion fand ihren Ausdruck hauptsächlich in der Aufstellung eines geheimen Heers für die »Befreiung Siziliens« mit dem Hauptziel der Loslösung Siziliens vom Territorialanspruch des italienischen Festlands. Die Perspektive dieser Separatismusbewegung war ein noch unklarer zukünftiger Anschluß an die Vereinigten Staaten, wie er von einigen amerikanischen Funktionären des *Amgot* vage angedeutet worden war. In dieser Bewegung fanden sich politische und soziale Gruppierungen jeglicher Provenienz zusammen: feudalistische und monarchistisch gesinnte Großgrundbesitzer, linksgerichtete Utopisten, hoffnungslose Tagelöhner, Mafiabosse und ihre Handlanger.

Einer von ihnen war der Landarbeiter Salvatore Giuliano, der bei der Landbevölkerung schnell zum legendären und populären Banditen und zum Symbol für den Kampf gegen soziale Ungerechtigkeit wurde. Nachdem er im September 1943 bei einer Auseinandersetzung wegen einer Fuhr Weizen mit einer Smith & Wesson (einer amerikanischen Waffe also) einen Carabiniere erschossen hatte, flüchtete er sich in die Nähe seines Heimatorts Montelepre und ging in den Untergrund. Er erhielt großzügige Solidarität von seiten der Bauern und Schäfer und baute sich rasch ein Heldenimage auf.

Vom einfachen Banditen à la Robin Hood entwickelte sich Giuliano rasch zum aktiven Separatisten und wurde 1945 zum Obersten des illegalen Heers der Separatisten, des EVIS, ernannt. Damit unterstand er dem befehlshabenden Kommandanten der »Freiwilligen Kämpfer Westsiziliens«, Graf Giuseppe Tasca.

Die Separatismusbewegung bezeichnete sich selbst als apolitisch und nicht parteigebunden. In Wirklichkeit agierte diese Organisation jedoch im Interesse und im Namen der feudal gesinnten Rechten und gegen die Sozialisten und Kommunisten sowie gegen die Gruppen und Kooperativen der Bauern und Landarbeiter, die für die Inbesitznahme des brachliegenden und schlecht bestellten Ackerlands kämpften.

Die zweideutige Haltung Giulianos und des EVIS zeigte sich hauptsächlich darin, daß sie bereit waren, sogar zu Mitläufern der savoyischen Monarchisten in

Sizilien zu werden und damit scheinbar auf das primäre Ziel der Separatismusbewegung zu verzichten, nur um eine republikanische Mehrheit in der Verfassungsgebenden Versammlung zu verhindern.

Es gelang den Separatisten, ihren Zielen einen institutionellen Rahmen zu verleihen. Am 15. Mai 1946 unterschrieb der italienische König gemeinsam mit den Parteisekretären der christdemokratischen, sozialistischen und kommunistischen Partei – De Gasperi, Nenni und Togliatti – und anderen Spitzenpolitikern das Statut der Region Sizilien. Sizilien war somit zu einer Region mit eigenen Gesetzen und weitreichenden Machtbefugnissen geworden (z.B. volle Verfügungsgewalt über Staatsbesitztümer, Einbehaltung fast sämtlicher Steuergelder, eigene Wahlgesetzgebung, Möglichkeit der Bildung eines eigenen Polizeikorps, beachtliche Subventionsgelder von seiten der italienischen Regierung). Die ersten Wahlen für das sizilianische Parlament fanden 1947 statt. Überraschenderweise ging die gemeinsame Wahlliste der Kommunisten und Sozialisten dabei als Sieger hervor.

Die Rechte und die mit ihr verbündete Mafia ging daraufhin zum Frontalangriff über. Am 1. Mai 1947 schossen Giuliano und seine Bande drei Minuten lang mit Maschinengewehren auf einen Demonstrationszug von Bauern und Arbeitern, die aus den umliegenden Ortschaften auf der Hochebene der Portella della ginestra zusammengekommen waren, um den Tag der Arbeit und den Wahlsieg des linken Bündnisses zu feiern. Elf Tote und 56 Verletzte waren die blutige Bilanz.

»Dieses grausame Verbrechen des Banditen Giuliano und der politischen Rechten, an die er gebunden ist, stellt nicht nur eine Strafaktion gegen die Arbeiter und

Bauern dar, die in der Bewegung der Linken organisiert sind, sondern will den Wählern der Provinzen Palermo und Trapani auch ein Warnsignal sein, die im Frühjahr 1948 an die Urnen gerufen sind.« (Pantaleone, *Omertà*, S. 127)

Zur weiteren Untermauerung ihrer Ziele bedienten sich diese reaktionären Kräfte in der Folgezeit auch des Mords an zahlreichen Gewerkschaftlern und engagierten, linksgerichteten Politikern.

Das Massaker vom 1. Mai 1947 »ist der Beweis dafür, daß die Mafia – die mit Calogero Vizzini und den Emissären von Lucky Luciano während der Landung der Alliierten wieder erstarkt und voll in ihre Funktionen zurückgekehrt ist – die feste Absicht hat, ihre Herrschaft auf dem gesamten Inselterritorium zu behaupten. Die Opfer des Massakers bedeuten auch eine Kampfansage an die kommunistische Partei von seiten der Partei der relativen Mehrheit (DC, *Democrazia Cristiana*) in Italien, die Gefahr läuft, eben diese Mehrheit zu verlieren.«

Für die Mafia und die Politbosse war es einfach gewesen, Giuliano davon zu überzeugen, daß der vom Linksbündnis erzielte Wahlerfolg – besonders wenn er sich wiederholen sollte – den definitiven Zusammenbruch seiner Zielsetzungen bedeuten würde. Dies nicht nur, weil damit die Möglichkeit einer »Rückkehr zur Normalität« zunichte gemacht werden würde, für die die Rechte sich mit Hilfe der bewaffneten Unterstützung Giulianos stark gemacht hatte, sondern weil dann die Bauern, die ihn schon einmal verraten hatten, indem sie seinen Mythos mißachtet und den Sozialisten und Kommunisten ihre Stimmen gegeben hatten, ihn bestimmt ein zweites Mal verraten und dann der Polizei übergeben würden.

Die Auftraggeber des Massakers von Portella della ginestra wußten, daß diese Tat auf Landes- und Regionalebene jegliche Möglichkeit einer Einigung zwischen der christdemokratischen Partei und den Kräften der Linksparteien zunichte machen würde, weil die Linke die DC für dieses Massaker verantwortlich machen würde.

Als der italienische Innenminister Mario Scelba, Sizilianer und eiserner Antikommunist, am Tag nach dem Blutbad vor den Abgeordneten im italienischen Senat erklärte, es handle sich nicht um ein politisches Verbrechen, war der Bruch zwischen DC und Linksblock unheilbar, und die Linke wurde daraufhin landesweit isoliert.

Das Endergebnis war das gewünschte – bei den italienischen Parlamentswahlen 1948 triumphierte tatsächlich die christdemokratische Partei. Girolamo Li Causi, sizilianischer Parlamentsabgeordneter der kommunistischen Partei, der eigentlich auch zu den Opfern des Massakers von Portella della ginestra hätte zählen sollen, attackierte den christdemokratischen Innenminister Scelba in heftigen Pressekampagnen und bezichtigte ihn, den Chef der Polizei, Messana, zu decken, der mit Giuliano unter einer Decke stecke.

»Obwohl dem Hochkommissariat der Region Sizilien ein Polizeirapport vorlag, in dem das Massaker als Gemeinschaftsaktion von Mafia und der Bande Giulianos mit eindeutig politischer Zielsetzung bezeichnet wurde, erklärte der italienische Innenminister Scelba es als einfach ›lächerlich‹, nach politischen Motiven für das Vorgefallene zu suchen.« (Pantaleone, *Omertà*, S. 35)

2. Eine Lektion in italienischer Demokratie

Im weltweit von den Amerikanern angeheizten Klima eines heftigen Antikommunismus wurden die amerikanischen »Satellitenstaaten« – darunter auch Italien – mit besonderer Taktik und Diplomatie zur Ordnung gerufen. Bei der Wahl zur Verfassungsgebenden Versammlung vom 2. Juni 1946 hatte die *Democrazia Cristiana* die relative Mehrheit erhalten (25,2 %). Diese Partei hatte eine deutliche Vorstellung davon, daß die repräsentative Demokratie in Italien auch eine ideologische Stütze für die anglo-amerikanischen Machthaber darstellen müsse, welche den drohenden Einfluß der Sowjetunion bremsen und die starke Präsenz der Linkskräfte marxistischer Ausrichtung im Lande in Zaum halten könne. Der christdemokratische Parteiführer Alcide De Gasperi hatte von seiner Reise in die Vereinigten Staaten eine handfeste, aber geheimgehaltene Absprache mitgebracht, nach der die Amerikaner den wirtschaftlichen Aufstieg Italiens tatkräftig fördern würden unter der Bedingung, daß die Kommunisten von den Regierungsämtern ferngehalten würden.

Vor diesem Hintergrund war die DC aufgrund ihrer 1946 errungenen relativen Mehrheit davon überzeugt, ein Recht darauf zu haben, ununterbrochen an der Regierungsspitze stehen zu dürfen. Die anderen Parteien dürften ihrer Meinung nach nur als Verbündete fungieren. Der Wahlerfolg von 1946 wurde für die DC zu einer Dauerinvestitur, und ihr Totalitarismusanspruch wurde zur politischen Realität im Lande: »Die christdemokratische Partei *ist* die italienische *Demokratie*«. (Galli, *Secolo*, S. 54)

Im Jahr 1946 kristallisierten sich also die Machtblöcke heraus, die in den folgenden fünfzig Jahren auf der sizilianischen Bühne hauptsächlich Tragödien inszenieren würden. Sozusagen im Zuschauerraum spielt sich das eigentliche Leben der jeweiligen Epoche ab. Das Leben der Namenlosen, der Massen, die die Figuren auf der Bühne erst lebendig werden lassen.

3. Adel, Großbürgertum, Kirche – die privilegierte Welt des jungen Orlando

Die Geschichte der Familie Orlando Cammarata verzeichnete am 1. August des Jahres 1947 die Geburt des dritten Kindes des Salvatore Orlando Cascio und seiner Frau Eleonora Cammarata. Ein Ereignis, das in nicht allzu ferner Zukunft in die Geschichte Italiens eingehen sollte.

Die Familie Orlando Cascio wohnte in einem mehrstöckigen Jugendstil-Mietshaus in einem großbürgerlichen Stadtviertel Palermos, das Orlandos Eltern heute noch bewohnen.

Das Kind wurde auf den Namen Leoluca getauft. Der erste Teil des Namens trägt dem Sternzeichen des Löwen Rechnung, eingedenk der großen Hitze, in der das Kind das Licht der Welt erblickte. Der zweite Teil des Namens, Luca, ist nach alter Tradition dem Großvater mütterlicherseits, Lucchino gewidmet, dem einzigen Opa, den Leoluca und seine Geschwister überhaupt kannten.

Der Großvater väterlicherseits, Carmelo Orlando Cascio, war schon früh gestorben, als Leolucas Vater selbst noch in den Kinderschuhen steckte. Er stammte aus dem Ort Prizzi, ungefähr siebzig Kilometer von Palermo entfernt. Sein Grundbesitz in jener Gegend war groß. Auch er war Rechtsgelehrter; und obwohl er die Lebensbahn seines Sohns Salvatore nur für wenige Jahre lenken konnte, setzte dieser die vom Vater eingeschlagene Berufstradition fort und studierte Jura – auch einige Semester in Heidelberg, wie dann später wiederum sein Sohn Leoluca. Salvatore Orlando Cascio wurde Universitätsdozent und Rechtsanwalt, und auch darin folgte ihm sein Sohn. Lucchino, der Großvater mütterlicherseits, war ein mürrischer, aber herzensguter Alter. Er war bei seinen Enkeln sehr beliebt, vor allem, weil er als einer der ersten einen großen Fernseher im Wohnzimmer stehen hatte. Dieser krachende Kasten wurde zum Lieblingstreffpunkt der Kinder.

Von seinen Großmüttern hat Orlando so gut wie nichts in die Öffentlichkeit dringen lassen. Der streng patriarchale Charakter seiner Erziehung schlägt sich durchgängig auch in seiner Selbstdarstellung nieder. Von Anfang an schien seine Erziehung ausschließlich in den Händen männlicher Bezugspersonen gelegen zu haben.

Seine Mutter Eleonora stammte aus dem Adelsgeschlecht der Grafen Arezzo und der Barone Cammarata. Das Geschlecht der Arezzo zählt zum alten sizilianischen Adel, der auf jahrhundertelange Tradition zurückblicken kann. Ihm entstammten Kleriker, Diplomaten und bedeutende Männer aus dem Bereich der Kultur. Die Barone Cammarata hingegen sind erst in jüngerer Zeit in den Adelsstand versetzt worden. Unter den Mitgliedern dieses Adelsgeschlechts finden sich einige, die nach bürgerlichen Maßstäben leicht »spleenig« und »bizarr« sind. Da gibt es herzensgute Schwärmernaturen ebenso wie verschwendungssüchtige Abenteurer. Orlando berichtet von zwei Cousins, die ihr Erbe beim Bingospiel verpraßt haben. Oder von einem anderen Verwandten, der sich ein Privatflugzeug gekauft hatte, das monatelang am Rand der Startbahn des Flughafens herumstand. Dieser, von Leoluca befragt, warum er denn ein solches Luxusstück Wind und Wetter ausgesetzt herumstehen ließe, mußte zugeben, daß er kein Geld habe, um einen defekten Reifen auszuwechseln.

Salvatore Orlando Cascio aus einer großbürgerlichen Landbesitzer- und Rechtsanwaltsfamilie zu heiraten bedeutete für Eleonora Cammarata gewiß die Rettung vor der rasch voranschreitenden Dekadenz ihres alten sizilianischen Adelsgeschlechts. Doch standesgemäß zum Stolz erzogen, hielt sie »meinem Vater immer wieder seine nicht-aristokratische Herkunft vor«. Denn Geld ist ja schließlich nicht alles. Lange Zeit war der Landadel in Sizilien eine sehr mächtige Klasse und überall vertreten. »Ein Urahn meiner Mutter, ein gewisser Herr Celano, begegnete eines Tages dem heiligen Franziskus von Assisi, der ihm seinen Tod vorhersagte. In der Franziskuskirche in Assisi befinden sich unter den Fresken von Giotto auch vier Tafeln, die die Begegnung des Gottesmanns mit dem Signore di Celano darstellen.

Meine Familie mütterlicherseits hatte ihr Glück dem Unternehmergeist eines anderen Vorfahren zu verdanken: dem ersten königlichen Memoirenschreiber in der Geschichte. Und da dieser eine so gute Biografie geschrieben hatte, wurde er mit Geld, Titeln und Feudalbesitz belohnt.«

Eleonora Cammarata mußte sämtliche mondänen Ansprüche zurückstellen, als sie ihr Elternhaus verließ, um Salvatore Orlando Cascio zu heiraten. Nach dem ersten Kind, das im Säuglingsalter von einer heftigen

Lungenentzündung dahingerafft wurde, gebar sie in relativ kurzen Abständen weitere sieben Kinder. Diese Kinderschar mußte standesgemäß erzogen, in die Schule und in die Kirche geschickt werden. So war es trotz der Hausangestellten auch aus praktischen Gründen für die Hausherrin nicht mehr möglich, sich in der Palermer High-Society zu bewegen. Sie führte ein durch und durch häusliches Leben und war kaum jemals bei den »gefürchteten« Zusammenkünften der aristokratischen Damen dabei, wo beim Bridgespiel über gesellschaftliche Schicksale entschieden wurde.

Wieviel Entsagung und Anpassung dieses Leben an der Seite ihres Mannes und »ganz für die Familie« von Eleonora Cammarata verlangt haben mag, läßt sich aus den Worten Orlandos ahnen, wenn er sagt: »Sie entsprach damit voll und ganz den Vorstellungen meines Vaters.«

Leoluca Orlando hält die große Liebe zwischen beiden für den Kitt, mit dem die gesellschaftlichen und kulturellen Gegensätze überwunden werden konnten. »Es mag banal klingen, aber die lehrreichste Erfahrung in meiner Familie war für mich die, daß Verschiedenheiten, Gegensätze und unterschiedliche Standpunkte zu einer wunderbaren Synthese verschmelzen können, die tiefe gegenseitige Achtung für den anderen und große Liebe hervorbringt.« Inwieweit diese Einschätzung durch die Erinnerung an die eigene Kindheit etwas verklärt ist, ist schwer einzuschätzen.

Auch in Orlandos Aussagen taucht das Bild der Mutter eher verblaßt und immer noch so auf, wie es vom Vater hinmodelliert und den Kindern weitergereicht wurde. Orlando beschränkt sich in seinen Darstellungen auf eine einzige Episode. Als Milly, seine Frau, ihr erstes Kind erwartete, ließ seine Mutter eines

Tages wie beiläufig verlauten, daß, falls es ein Mädchen würde, sie es auch dann als Enkelin liebhaben würde, wenn es nicht wie sie Eleonora hieße. Natürlich wurde das Kind bei der Geburt auf den Namen der Großmutter getauft. Aus Orlandos Mund bliebe uns nur das globale Etikett »meine Mutter – ein Universum aus Liebe und Zuneigung«, wäre nicht noch ein anderes, vielleicht authentischeres Zeugnis vorhanden.

Trotz ihres anspruchsvollen, autoritären Ehemannes und acht Mutterschaften war in Eleonora Cammarata nicht der Drang, die Suche nach einer anderen, ihr eigenen Identität versiegt, die nichts mit Mutterpflichten und traditioneller Frauenrolle zu tun hatte. Kaum waren die Kinder aus dem Haus, setzte sie sich hin und schrieb den Roman *I rododendri del Sussex*, der 1986 in Italien veröffentlicht wurde. Es ist die Geschichte zweier Frauen, Mutter und Tochter, die im Rückblick aus der Perspektive der Tochter jede ihr eigenes Leben vor sich ausbreiten. »Es läßt sich einwerfen, daß Colette, die Tochter, keine für unsere Zeiten typische Dame ist. Doch bin ich davon überzeugt, daß jeder Epoche andere Frauentypen entsprechen. Colette braucht nur drei Tage für ihre Reise durch die Vergangenheit, und schon am vierten Tag denkt sie voller Zuversicht an ihre Zukunft. Ganz anders dagegen die Mutter, Margherita, die mit stumpfer Selbstverleugnung, wie sie für die Frau aus südlichen Regionen typisch ist, an ihrem Schicksal wie festgenagelt bleibt. Mit hochmütiger Resignation zieht sie es vor, ihr Drama in eine Komödie zu verwandeln, um sich nicht mehr als unbedingt nötig preiszugeben und um den Traditionen ihres Heimatbodens treu zu bleiben. Das spielt sich in einer Zeit ab, da die Frauen wesentlich unterdrückter waren als heute (...).

Colette will klugerweise vermeiden, die gleichen Fehler zu begehen wie ihre Mutter, die sich aufgrund einer jugendlichen Liebelei ihr Leben ruiniert hat (durch die uneheliche Tochter Colette, d.A.). Colette hingegen sieht ihrer Zukunft gelassen entgegen, wartet ab, was auf sie zukommt. Bei der Rhododendronblüte schließlich findet sie ihre reine und hehre Liebe, nach der sich jede Frau immer schon gesehnt hat und die gewiß ihre eigene Mutter für sie erwünscht hatte.«

Die Fesseln der sizilianischen Standestraditionen, die Unmöglichkeit einer eigenen Identitätsfindung, die Schicksalsergebenheit, diese fremden und eigenen Unterdrückungsmechanismen scheint die Frau nur mit der Hoffnung auf eine bessere Zukunft des eigenen Nachwuchses kompensieren zu können. Margherita-Eleonora sucht in ihrer Tochter ihr Ebenbild, um überhaupt ein Bild von sich selbst zu schaffen, das sie gemäß ihres Standes und ihrer Erziehung akzeptieren kann. Zwangsläufig hat die Autorin in der literarischen Fiktion eine weibliche Welt als Gegenwelt zu ihrer eigenen geschaffen, die hauptsächlich von männlichen Leitfiguren bestimmt ist. Das Festklammern an einem aristokratischen Ehrenkodex verhindert aber auch hier eine Reflexion, die tatsächlich einen neuen Lebensabschnitt hätte einläuten können.

Orlando antwortet auf die Frage, ob es in diesem Roman reale Bezugspunkte zu seiner eigenen Kindheit gäbe: »Dieses Buch beschreibt das bewegte, abenteuerliche Leben einer Frau, das das genaue Gegenteil des Lebens der Autorin, meiner Mutter, ist. Die Atmosphäre, die Leidenschaftlichkeit, die Stimmungen, die Gerüche, die aus diesen Zeilen sprechen, sind jedoch die meiner Kindheit.«

Auch von seinen sechs Geschwistern weiß man aus Orlandos Mund wenig. Einerseits definiert er die Tatsache, in einer Kinderschar und entsprechend unter vielseitigen Charakteren und Verhaltensweisen herangewachsen zu sein, als eine »Schule des Lebens«. Andererseits sieht er seinen »eigenen Lebensraum innerhalb der Familie immer schon eingeengt und in Frage gestellt.« Schon früh modellierte er sein Image als einsamer Held, als Stammhalter unter der gestrengen Führung des Vaters, seines Vorbilds.

Einen Kindergarten besuchte Orlando nicht. Es war in Italien nicht üblich, daß der Nachwuchs aus wohlhabenden Kreisen solche Einrichtungen frequentierte. Sie waren Kindern aus sozial schwächeren Familien vorbehalten, in denen die Mütter sich kein Dienstpersonal leisten konnten oder selbst arbeiten gehen mußten. Orlandos Eintritt in die Grundschule war wegweisend für sein zukünftiges Verhältnis zum gesellschaftlichen und persönlichen Leistungssystem. Es war ein schmerzhafter Initiationsritus, der ihn aus der Kinderwelt riß, wie ein Sprung ins kalte Wasser.

Eines Abends kehrte der Vater von seinen Ländereien zurück und berichtete, daß der fünfjährige Sohn eines Bauern, der in seinen Diensten stand, schon die erste Grundschulklasse besuchte. »Und was macht mein Luchetto, der auch fünf ist? Warum geht er noch nicht in die Schule?« fragte der Vater mit vorwurfsvoller Miene die Mutter und warf einen herausfordernden Blick auf seinen ältesten Sohn. Ja, Stammhalter sein ist ein schweres Los. So wurden Privatlehrer herbeigerufen, und Lucchetto mußte sich auf die Aufnahmeprüfung für die zweite Grundschulklasse vorbereiten.

Ende September 1952 begann Leolucas Schulzeit in der Privatschule Gonzaga, einer Eliteinstitution unter

Leitung von Jesuiten, die schon seit Jahrhunderten im europäischen Bildungswesen großen Einfluß hatten. Der 1534 von Ignatius von Loyola gegründete Männerorden *Societas Jesu* unterschied sich von anderen Orden durch das Gelübde strikten Gehorsams gegenüber dem Papst und eine sehr straffe Organisation. Das Ziel der Ordensbrüder war die Suche nach dem Heil und der Vollkommenheit – sowohl der eigenen als auch der des Nächsten. Deshalb waren die Jesuiten immer schon prädestiniert für die Fürstenerziehung und sind auch heute die idealen Erzieher der Eliteklasse postfeudaler Gesellschaften wie eben der sizilianischen. Wegen ihrer Macht und ihres Einflusses waren die Jesuiten zeitweise in mehreren Ländern von Staatsseite verboten.

Orlando bezeichnet das Gonzaga als »den Ort der Sanftheit und der Strenge, eine Mischung aus Kindergarten und Kriegsfront, wo es Streicheleinheiten und Ohrfeigen gab, der Ort der Begegnung und des Zusammenpralls«. Zuckerbrot und Peitsche! In den ersten Schuljahren strengte sich Leoluca wenig an. Seine Noten waren immer knapp ausreichend. »Wenn Ihr Sohn nur wollte, könnte er Klassenprimus sein«, hieß es bei den Elternsprechstunden. Seine Schüchternheit überspielte er mit immer neuen Streichen und Ungezogenheiten gegenüber Mitschülern und Lehrern. Auch die heutzutage selbstverständlichsten Dinge hatten in jener Anstalt ein anderes, fast überdimensionales Gewicht. Ein normaler Jugendstreich konnte zu einem regelrechten Drama werden.»Eines Tages erschien einer meiner Mitschüler mit einer nagelneuen Wolljakke. Die Versuchung, ihm dieses Prachtstück wegzunehmen, war riesig. Und zwei andere Klassenkameraden und ich erlagen ihr. Daraus wurde eine Tragödie.

Die Eltern, der Direktor und sogar der Schulvorsitzende schalteten sich ein. Ich wollte mit diesem Streich nur die Aufmerksamkeit der anderen wecken und die Selbstüberschätzung des Mitschülers, die sich in jenem Moment auf jenes Kleidungsstück gründete, wieder auf ein normales Maß zurückführen.«

Noch rebellischer wurde Orlandos Verhalten in der Mittelstufe. Da gab es einen Naturkundelehrer, den er fachlich und moralisch für inkompetent hielt. Umgekehrt hegte der Lehrer für den aufmüpfigen und besserwisserischen Grünschnabel auch wenig Sympathien. So gab es ein stillschweigendes Abkommen zwischen den beiden: Kaum war der Lehrer in der Klasse, verzog sich Orlando nach draußen und vertrieb sich seine Zeit bis zum Unterrichtsschluß auf dem Gang.

Die Selektionskriterien innerhalb des Schulwesens müssen, zumindest zu jener Zeit, hauptsächlich die soziale Herkunft berücksichtigt haben. Es konnte vorkommen, daß ein Schüler in der siebten Klasse kaum lesen und schreiben konnte. Leoluca hatte einen solchen Freund, der letzte einer ganzen Reihe von nicht sehr lernwilligen und hellen, aber sicherlich sympathischen Spielkameraden. Einer nach dem anderen wurde aus der Schule genommen oder blieb sitzen.

Der direkt oder indirekt ausgeübte Druck auf Orlando wurde immer stärker. Gerade noch mit »ausreichend« hatte er sich bis in die siebte Klasse durchschmuggeln können. Plötzlich aber entwickelte er einen großen Lerneifer. Innerhalb weniger Monate war aus dem rebellischen, lernfaulen Orlando Cascio der Klassenbeste geworden. Und das blieb er die ganze folgende Schulzeit bis zum Abitur. »Ich war ein richtiger Streber.« Nur – seine »Rebellion«, sein auffälliges Verhalten war durch sein schulisches Engagement keineswegs gehemmt. Im Gegenteil, es kamen neue Varianten hinzu. So stand in jedem Zeugnis am Schuljahresende eine bezeichnende Note für sein schlechtes Betragen. Damit riskierte er trotz seiner hervorragenden Noten in den einzelnen Fächern von Italienisch bis Mathematik jedesmal die »Fähigkeitsprüfung« in allen Fächern im September, um in die nächste Klasse zugelassen zu werden. Um dies zu vermeiden, bedurfte es immer des Eingreifens »höherer Mächte«.

1965 machte Orlando sein Abitur. Er hatte das beste Abiturzeugnis sämtlicher Abiturienten humanistischer Gymnasien in ganz Italien. Die linksgerichtete Palermer Tageszeitung *L'Ora* hatte unter allen Abiturienten einen Wettbewerb für das beste Abschlußzeugnis ausgeschrieben. Als erster Preis winkte eine Reise nach Moskau. Orlando präsentierte sich daraufhin stolz und wohlgesinnt mit seinem Superzeugnis in der Redaktion der Zeitung, um den Preis in Empfang zu nehmen. Der zuständige Redakteur fiel aus allen Wolken und erklärte dann verlegen, aber bestimmt, daß der Wettbewerb nur für Abiturienten staatlicher Schulen gültig sei. Da halfen keine Einwände, auch nicht, daß die Prüfungen von beamteten Lehrern staatlicher Schulen abgenommen worden waren.

Für den erzürnten und enttäuschten Schulabgänger Leoluca wurde dies zu einem Schlüsselerlebnis. Hatte er bislang wenig über sein privilegiertes Leben nachgedacht und es eher als einer natürlichen, gottgewollten Ordnung entsprechend betrachtet, fühlte er sich jetzt zum ersten Mal aufgrund seiner Herkunft aus einem wohlbehüteten und gutsituierten Elternhaus benachteiligt. In den Augen der anderen war er ein Vertreter eines fremden »Volksstamms«, einer »anderen Rasse«. Er war nicht einer von vielen Schülern, der sich aufgrund seiner Leistungen ausgezeichnet fühlen durfte, sondern er gehörte in erster Linie zur Klasse der Privilegierten. Er war etwas »Besseres« und fühlte sich dennoch benachteiligt. Direkt befragt, konnte er nicht leugnen, daß der größte Teil der Schüler des Gonzaga tatsächlich alles dafür tat, um sich das Image »Eliteschüler« in der ganzen Stadt zu sichern. »Sowohl für die Zeitung *L'Ora* als auch angesichts des anmaßenden Verhaltens der Gonzaga-Schüler war ich in diesem Moment nicht das Individuum Leoluca Orlando, sondern der gute oder der schlechte Vertreter einer bestimmten Gruppe. Ich dachte, daß es nichts Demütigenderes für einen Menschen geben könne, als voll und ganz von einer Gruppe, Spezies oder Ideologie absorbiert zu werden.«

Orlandos Weltbild war erschüttert. Die Auseinandersetzungen mit dem Vater wurden heftiger. Doch wurde deshalb bei weitem noch kein »Revoluzzer« aus ihm. Alles blieb in einem gewissen Rahmen. Damals wie heute war es undenkbar, daß ein Sohn, vor allem ein Sohn aus gutem Hause, auf sämtliche Privilegien oder schlichtweg auf die materielle Sicherheit des Elternhauses verzichtete. Auflehnung ja, aber mit den Füßen sicher unter Vaters Tisch. Auflehnung bedeutete bei Orlando auch und in erster Linie, das Phänomen der Gruppenzugehörigkeit innerhalb der eigenen Familie anzugehen. Was das bedeutete, davon hatte ihm die Erfahrung in der Schule nur einen Vorgeschmack gegeben. »Meine Unruhe in jener Zeit rührte von meiner familiären Situation her und der Rolle, die mein Vater verkörperte. Es war eine konfliktreiche und oft auch quälende Erfahrung für mich.«

4. Sohn eines bedeutenden Vaters

Neben seiner Dozententätigkeit als Professor an der Juristischen Fakultät der Universität Palermo hatte sich Salvatore Orlando Cascio in Palermo auch als Rechtsanwalt etabliert. Im Kampf der sizilianischen Bauern um eine dringend notwendige Agrarreform verteidigte er die Interessen der Großgrundbesitzer, nachdem die Forderungen der Landarbeiter bereits per Gesetzeserlaß vom Staat als berechtigt anerkannt worden waren. Die Landbesitzer konnten sich selbstverständlich nicht für die Verbesserung der Lebens- und Arbeitsbedingungen der Bauern einsetzen, da sie sich damit ihre eigenen Privilegien zerstört hätten.

In der Fachliteratur zum Phänomen Mafia werden die Landbesitztümer Westsiziliens als ursächlich für die Entstehung der Mafia betrachtet. Mit Mafioso oder der Mafia nahestehend wird demzufolge der *gabelotto,* der Landpächter, identifiziert, an den der Landadel seinen Besitz verpachtet. Dem Pächter stand der *campiero*, der bewaffnete Aufseher der Ländereien, zur Seite. Die *padroni*, die Herren, zogen das Stadtleben vor, wo sie anderen Geschäften und mannigfachen Vergnügungen nachgingen. Nur zu bestimmten Zeiten begaben sich die Landbesitzer auf ihre Besitzungen, um die Arbeit zu kontrollieren oder um sich »auszahlen« zu lassen. Die Landpächter bedienten sich zur Durchsetzung ihrer eigenen Interessen und der der Besitzer sowie zum allgemeinen Schutz der Ländereien gegenüber Bauern, Tagelöhnern oder Schäfern immer gewaltsamer Mittel und Methoden. Zu diesem Zweck engagierten sie oft die eigentlichen Mafiosi, das heißt »Ehrenmänner«, die ihnen Schutz gewährten. Auch bezahlten sie einfache Schläger und Provokateure, um die Bauern in einem Dauerzustand von Angst und Unterdrückung zu halten. Oft wurden in dieser Zeit der Bedrohung des feudalen Grundbesitzes aus den Mafiosi allmählich selbst Landpächter.

Doch auch wenn die Landbesitzer nur sporadisch auf ihren Ländereien auftauchten, waren sie bestens darüber informiert, was auf ihren Weinbergen, in ihren Zitronenplantagen, auf ihren Weizenfeldern und in ihren Viehställen vor sich ging. Natürlich heißt das nicht zwangsläufig, daß jeder Landbesitz von Gewaltaktionen heimgesucht wurde bzw. die Arbeit nur unter Androhung von Gewalt und mit Anwendung der verschiedensten Unterdrückungsmechanismen vor sich ging. Doch bei dem Großteil der Güter wurde auf diese Maßnahmen zurückgegriffen, und die Großgrundbesitzer zogen daraus ihren Nutzen, ohne direkt Auftraggeber oder verantwortlich für die einzelnen Aktionen zu sein. Sie hatten ja ihr Land an einen *gabelotto* verpachtet.

Orlandos Vater gehörte nicht nur der Gruppe der Großgrundbesitzer an, sondern vertrat auch auf juristischer Ebene ihre und damit zwangsläufig auch seine eigenen Interessen. »Er war einfach ein typischer Großgrundbesitzer, gehörte einer bestimmten gesellschaftlichen Klasse an«, für die demokratische Gesellschaftsmodelle bislang nur auf dem Papier gültig waren.

»Nie hat mein Vater jedoch Mafiosi verteidigt. Das hätte er allerdings auch gar nicht machen können, da er kein Strafrechtler war«, gibt Orlando zu bedenken. Als Entgegnung auf den Einwand, daß doch der Großgrundbesitz seinerzeit von der Mafia geradezu verseucht war, führt Orlando das Paradebeispiel für die moralische Integrität seines Vaters an. Salvatore Orlando Cascio war mit dem Kardinal von Palermo, Ernesto Ruffini, befreundet. »Dieser bat eines Tages in den fünfziger Jahren meinen Vater zu sich in die Kurie. Ich erinnere mich noch genau an jenen Tag, da mein Vater später als sonst nach Hause kam und wir mit dem Abendessen auf ihn warten mußten. Ich war noch ein Kind. Bei Tisch bekam ich mit, was er meiner Mutter berichtete: ›Seine Eminenz hat mir vorgeschlagen, in den Listen der *Democrazia Cristiana* für die nächsten Wahlen zu kandidieren. Aber ich habe sein Angebot abgelehnt, weil das bedeutet hätte, daß ich auf einer solchen Wahlliste riskieren würde, die Unterstützung und die Wählerstimmen der Mafia zu bekommen‹.«

Diese Antwort nistete sich in Leolucas Gehirn ein. »Aber erst im Laufe der Jahre habe ich die komplexe Bedeutung dieser prompten Antwort begriffen. Die darin enthaltenen Einschätzungen galten der Kirche, die allzu sehr ihre Finger im politischen Geschehen hatte; der Mafia, die jederzeit bereit war, die von der Kirche vorgeschlagenen Kandidaten zu unterstützen; der kränkelnden Politik, die nicht in der Lage war, Brüche, Dissens und moralische Entrüstung zu registrieren, wie sie mein Vater vorgebracht hatte.«

Dennoch ging die Entrüstung des Vaters nicht so weit, seine freundschaftlichen Beziehungen zu Kardinal Ruffini abzubrechen, da das Verhalten des Kardinals für ihn ja nicht unerwartet gekommen sein konnte. Die ablehnende Haltung von Professor Orlando Cascio war ein eindeutiger Hinweis darauf, daß er sich sehr bewußt war, was in der katholischen Kirche gerade in Sizilien seinerzeit gespielt wurde. Doch war Salvatore Orlando Cascios Position typisch für das Verhalten der gemäßigten Mitte, die zwar anständig, aber tolerant gegenüber dem Hinterland der Mafiakultur war. (Gullo/Naselli, *Il paladino,* Vorwort). Eine sehr gemäßigte Einschätzung.

Wie perfide die Haltung gerade Ruffinis gegenüber dem Problem Mafia war, bezeugt folgende vielzitierte, unglaubliche Episode: Anfang der sechziger Jahre reiste ein Journalist der größten italienischen Tageszeitung *Corriere della sera* nach Palermo, um über die erneut über Sizilien hereingebrochene Welle von Gewaltverbrechen zu berichten. Zu diesem Zweck bat er um Audienz bei Kardinal Ruffini. Auf die Frage: »Eminenz, was ist eigentlich die Mafia?«, auf die der Kardinal nicht vorbereitet war, antwortete dieser lapidar: »Mafia? Soweit ich weiß, ist das die Marke eines Waschmittels.«

Salvatore Orlando Cascios Beziehungen zur katholischen Kirche waren noch von anderen Grauzonen durchzogen. Ebenso wie die christdemokratischen Politiker und ehemaligen Ministerpräsidenten Giulio Andreotti und Arnaldo Forlani oder der ehemalige Geheimdienstchef Bruno Contrada war auch er Mitglied des Ritterordens vom Heiligen Grab. Orlando Cascio stand in den Listen der sizilianischen Statthalter. Vor ein paar Jahren ist er schließlich wegen der Verbindungen des Ordens zur Mafia ausgetreten. »Das Großmeisteramt, die oberste Ordensleitung in Rom, mußte mittlerweile die geheimen Mitgliederlisten an die Staatsanwaltschaft aushändigen. Die Ermittlungen laufen noch. Ein Blick in die Listen ergibt: Einfädler, Nutznießer und Hintermänner nahezu aller großen Finanzskandale und politischer Machenschaften der letzten fünfundzwanzig Jahre sind oder waren im Ritterorden vertreten.« (*Die Zeit,* 25. März 1994)

Leoluca Orlando weiß also sehr gut, wovon er spricht, wenn er zu dieser Geheimmacht besorgt Stellung nimmt: »Ich bin ein praktizierender Katholik. Aber diesen Ritterorden muß die Kirche schließen. Die Kirche muß kämpfen. Aber nicht mehr der Kommunismus ist der Feind, sondern geheimbündlerische Logen und Orden wie die P2, das Opus Dei oder der Ritterorden vom Heiligen Grab – Feinde also innerhalb der Kirche, oft als Bischöfe verkleidet.«

Die Mitgliedschaft seines Vaters in einer solchen kirchlichen Organisation, die in Geheimlogenaktivitäten, Staatsstreichversuchen, Mafiaverbrechen und Milliardenbetrügereien verwickelt war und ist, trug sicherlich zu den Konflikten zwischen Orlando und seinem Vater bei, die er in schmerzhaftester Erinnerung hat. Aber sie gehörte auch zu den Erfahrungen, die ihm bei seinem Reifeprozeß als leidenschaftlicher Politiker von Nutzen waren. So wußte er von klein auf und aus eigener Erfahrung, wovon er sprach und wogegen er zu kämpfen hatte.

5. Glaubenskrise und Berufung zur Politik

Wohin Leoluca Orlando sich drehte und wendete – die katholische Kirche, die auch von den aufgeklärtesten Italienern mit dem christlichen Glauben gleichgesetzt wird, bestimmte in Gestalt von Autoritätspersonen sein Leben.

Orlando selbst bezeichnete die Erfahrungen, die er als Sechzehnjähriger im Gonzaga gemacht hatte, als wesentlich für seine Berufung zur Politik. Die Sphäre des Glaubens erlebte er in der Schule der Jesuiten vorrangig als ein System des Zwangs und der Isolation. Der Schmerz über die spirituelle Leere der täglichen Gebetsstunden, der im körperlichen Schmerz bei stundenlangem Knieen auf harten Gebetbänken spürbar wurde, nahm Tag für Tag zu. Gleichzeitig empfand Orlando die Welt in diesem religiösen Institut als zunehmend unsensibel, ja gleichgültig gegenüber dem wirklichen und innig gelebten Moment der Sammlung vor Gott. Die Religiosität war derart auf ein leeres Ritual reduziert, »daß keiner mitbekam, daß ich in einer tiefen Glaubenskrise steckte. Ich erinnere mich, daß ich in einem Abschiedsschreiben meinen Austritt aus der Marienvereinigung bekanntgab. Die anderen fielen aus allen Wolken und meinten: ›Was, du trittst aus? Es ist gerade ein Brief an dich unterwegs, mit dem wir dich zum Verantwortlichen der Marienvereinigung auf Schulebene ernannt haben‹.«

Seine Auflehnung gegen diese Widersprüche wuchs. Er entwickelte ein starkes Bedürfnis danach, Ritual und Alltag miteinander zu verbinden, den Glauben in die Praxis umzusetzen, ihn wirklich zu leben.

Außerhalb der Schule machte er immer wieder die Erfahrung, daß Katholiksein innerhalb der Mauern einer solchen Institution gleichbedeutend war mit dem Ausgeschlossensein von jeglichem Fortschritt. Es bedeutete, nicht teilhaben zu können am Entwurf der Zukunft. Und genau das, spürte Orlando noch verschwommen, aber heftig, war seine eigentliche Aspiration. Er selbst empfand sich grundsätzlich als modern genug, um neue Lebensmodelle zu schaffen und zu leben. Die väterliche, konservative Welt der reichen Landbesitzer war in dieser Phase der Persönlichkeitsentwicklung ständiger Kontrapunkt, den er nie überwunden hat. Als Katholik und Gonzaga-Schüler keinen Zutritt zu haben zu den Kreisen engagierter Intellektueller oder junger, aufgeschlossener Leute, von ihnen nicht ernst genommen zu werden – das löste schließlich in ihm eine echte Krise aus: »Die Wut, zusehen zu müssen, daß es einen Widerspruch gibt zwischen dem, worauf der Glaube dich hinweist: Zukunft, Hoffnung, Risikobereitschaft – und dem, was das Leben dir stattdessen täglich mit dem Aushängeschild des Glaubens präsentiert: Gleichgültigkeit und eben fehlende Risikobereitschaft!«

Das Infragestellen der kirchlichen Doktrin setzte in ihm neue Energien frei. Es ist keineswegs verwunderlich, daß sich sein politisches Engagement am stärksten manifestierte, nachdem er das Gonzaga verlassen hatte. Erst von diesem Moment an konnte er die »reale« Welt in allen ihren Schattierungen und nicht nur von der Warte eines Klassenprimus aus wahrnehmen.

Verständlich wäre also gewesen, wenn sich ein junger Mann im Jahr 1965, frischgebackener Abiturient mit reichlicher Erfahrung in Sachen patriarchalischer Machtdemonstration und institutionalisierter Unterdrückungsmechanismen, vom Glauben abgewandt hätte, um sich endlich aufgeschlossen und aktiv für den Fortschritt und die Überwindung konservativer Autoritarismen engagieren zu können.

Doch trotz der Krise kehrte Orlando der katholischen Glaubenssphäre nicht den Rücken, sondern suchte die Vereinigung der Gegensätze. Zu sehr war er Kind seines sozialen Milieus, als daß sein Ausbruch hätte total sein können. Er versuchte, die »auf ein Ritual reduzierte Welt« von innen heraus zu revolutionieren. Seine Wette hieß: Fortschritt und Katholikentum schließen einander nicht zwangsläufig aus. Es reicht schon, nicht konservativ zu sein, nach vorne zu sehen.

Aber auch die Wahl seines Studienfachs war stark von seinem Vater beeinflußt. Gleich nach dem Abitur schrieb er sich an der juristischen Fakultät der Universität Palermo ein, wo sein Vater Zivilrecht lehrte und bald Dekan sein würde.

Orlandos politisches Engagement manifestierte sich zum ersten Mal im Studentenparlament der Universität. Er war Mitglied der *Intesa*, einer katholischen Studentenverbindung. 1967 wurde er Sekretär des Studentenparlaments an der juristischen Fakultät. Schon war der Wind der Protestbewegung zu spüren, die bald die Studentenparlamente vom Tisch fegte, um den Vollversammlungen Platz zu machen. »Die Bewegung erwischte uns voll. Eines Tages schrie eines der Mitglieder des Studentenparlaments, ein Republikaner, daß es jetzt an der Zeit sei, mit diesen Repräsentationssystemen Schluß zu machen und er aus Protest hiermit zurücktreten würde (...). Ich erwiderte, daß ich gar nicht wüßte, wovon er denn eigentlich zurücktreten wolle, da doch der gesamte Parlamentsausschuß am Vorabend beschlossen habe, sein Mandat der Vollversammlung zu überlassen. Das stimmte in Wirklichkeit gar nicht, sondern diesen Entschluß hatte ich ad hoc gefaßt, um nicht hinter der Bewegung zurückzubleiben.«

Wie sich die anderen Ausschußmitglieder zu dieser spontanen Entscheidung »von oben« verhielten, enthält uns Orlando vor. Sich der »Bewegung« zugehörig zu fühlen implizierte für Orlando jedoch noch keine konkrete politische Position. Es bedeutete für ihn in erster Linie, »die negative Erfahrung der vorausgehenden Jahre zu überwinden, nach der die Politik immer ein schmutziges Geschäft ist und es keine Alternative zum zwangsläufigen Kompromiß gibt.«

Als dann beschlossen wurde, die juristische Fakultät zu besetzen, an der sein Vater Dekan war, war auch

Leoluca dabei. Doch während die anderen abends ihre Schlafsäcke ausbreiteten, um die Besetzung auch nachts fortzusetzen, packte Orlando sein Bündel und machte sich auf den Weg nach Hause. Bei Tisch strafte ihn der Vater mit Schweigen. Die Atmosphäre war mehr als gespannt, während die Hausdiener mit weißen Handschuhen dem rebellischen Signorino Leoluca einen Teller Ravioli reichten. »Mein Vater konnte es zwar tolerieren, von den protestierenden Studenten aus seiner Uni vertrieben zu werden, aber er konnte nicht mit mir, seinem Sohn, darüber diskutieren.«

Der Graben zwischen beiden wurde noch tiefer. Im Sommer 1968, auf dem Höhepunkt der Studentenbewegung, wurde Orlando von seinem Vater für ein Semester nach Heidelberg geschickt. War das eine pädagogische Maßnahme?

»In Heidelberg war die Atmosphäre zu jener Zeit sehr radikal und zukunftsschwanger.« Anfangs wohnte Orlando in einem Studentenwohnheim, dann in einer kleinen Wohnung in der Altstadt. Sein bester Freund war Georgos, ein griechischer Student, der vor dem Obristenregime geflüchtet war. Auch er studierte Jura. Heute ist er Professor an der Universität Athen. »Ich erinnere mich noch an Winterabende in seiner Mansardenwohnung in der Altstadt. Die Dächer waren schneebedeckt, und wir hörten in dieser Mansarde, zu der man über eine steile, knarrende Holztreppe gelangte, Musik von Mikis Theodorakis, die in meinem griechischen Freund und mir als Sizilianer gleichzeitig auch die Atmosphäre des Südens, des Mittelmeerraums, der Freiheit wachrief.«

Heidelberg, wo die internationale, die »große« Studentenbewegung im Gange war, war für Orlando die große Chance, das Provinzielle seiner Herkunft hinter sich zu lassen, seine Existenz als Sohn eines Großgrundbesitzers, »wie vergoldet diese auch gewesen war«, zu überwinden. »Aber Heidelberg war auch die Stadt, wo fünfzig Jahre zuvor mein Vater studiert hatte.« Und dieser Tatsache ständig eingedenk lebte Orlando auch hier den Zwiespalt des Sohnes aus gutem Hause weiter.

Er hörte internationales Recht bei Professor Doering. Hin und wieder drängte er sich in die übervölkerten Vorlesungssäle, wo Gadamer über Hegel und die Antike oder über Platons Symposion philosophierte.

»In Heidelberg (...), wo ich ein Stipendium hatte, geschahen außerordentliche Dinge. Unvergeßlich war eine Vorlesung von Martin Heidegger, der ich zufällig beiwohnte, als ich 1970 zu Besuch in Heidelberg war.

Der große Philosoph kam direkt von seinem Haus im tiefsten Schwarzwald, um seinen Freund Hans Georg Gadamer zu feiern, der emeritierte. Heidegger fuhr mit einem weißen Sportwagen vor, der von einem jungen, neureichen Amerikaner gelenkt wurde, welcher mir später beim Bier von seinem Entschluß erzählte, sich voll und ganz in den Dienst des großen Meisters zu stellen, nachdem er auf mysteriöse Weise in Italien sein Glück gemacht hatte.

Für uns Aktivisten der 68er-Bewegung galten Heideger und Gadamer als reaktionäre Philosophen. Und doch lauschte der Saal voller revolutionärer Studenten gespannt ihren Vorlesungen, und wir applaudierten zum Schluß, laut auf die Bänke klopfend (...)

Viele Jahre später, als ich schon Bürgermeister war (1987), kam Gadamer in den *Palazzo delle Aquile*. Er war auf der Durchreise in Palermo. ›Zu meinen schönsten Erinnerungen‹, erzählte er mir, ›gehört ein

Tag im März 1970, als mein Lehrer Heidegger aus Anlaß meiner Emeritierung aus dem Schwarzwald kam, das war ein aufregender Moment…‹

›Und die Studenten haben Beifall geklopft‹, kam ich ihm zuvor.

Verwundert sagte er: ›Ja, sie haben Beifall geklopft.‹

Und fügte dann hinzu: ›Aber wie können Sie das nur wissen?‹

Und ich: ›Ich war einer von jenen Studenten.‹

Seit jenem Moment habe ich mit Gadamer eine wunderbare Beziehung aufgebaut.«

Gadamer, im ersten Februar unseres Jahrhunderts geboren, hat Italien, vor allem Neapel, als einen seiner festen Bezugspunkte gewählt. Zuletzt las ich ein Gespräch mit ihm über das Thema des Todes. Selbst beim Lesen und Reflektieren fühlte ich mich in sitzender Haltung auf einem harten Holzklappstuhl in der Aula des Zentralgebäudes der Heidelberger Uni, mit dem Bleistift in der Hand, zum Meister hinaufblickend. Auch ich gehörte zu den Studenten – nicht zu denen, die Heidegger applaudierten, aber zu denen von Gadamer, der auch nach seiner Emeritierung das Philosophieren in der Öffentlichkeit nicht seinlassen konnte. Vielleicht sollte ich, um ihn noch einmal zu treffen, nach Capri fahren, der Sommerresidenz der echten und der Wahlneapolitaner…

Die Diskussionen in den Studentenversammlungen, an denen Orlando teilnahm, waren heftig. Doch für Orlando wurden sie nie so heiß, daß er sich zu gefährlichen Aktionen hätte verleiten lassen. Leoluca war und blieb der brave Junge aus Palermo, den die subversiver orientierten 68er natürlich mit gehörigem Mißtrauen betrachteten. Er war strebsam, ehrgeizig und träumte von der Synthese zwischen Katholizismus und progressiven Ideologien. Doch wenn zu jener Zeit in Heidelberg überhaupt von christlichem Glauben die Rede war, dann bezog man sich auf das Konzept des Urchristentums oder auf die gesellschaftlichen Veränderungen im Zuge der Gegenreformation, jedenfalls bestimmt nicht auf die klerikale Hierarchie der katholischen Kirche.

Die Luft in Heidelberg war damals beflügelnd. Die Phantasie siegte streckenweise sogar über die ideologisch verhärteten und reaktionär-progressiven Gruppierungen. Und Orlando erklärte Heidelberg zu seiner Traumstadt, zu seinem utopischen Ort im weitesten Sinn. Heidelberg wurde für ihn ein Stück geistiger Heimat, die er nach Palermo zurücktransportierte.

6. Im Mannesalter: Lebenslängliche Bindungen

1969 kehrte Orlando nach Palermo zurück, wo er als Anwalt im Büro seines Vaters arbeitete, gut verdiente und seine Jugendliebe Milly Lupo heiratete. Beide waren bei der Hochzeit 22 Jahre alt. Orlando bekam einen Ruf als Dozent an die Universität Neapel, dem er nicht nachkam, da er auf eine Dozentenstelle an der Universität Palermo wartete, die er schließlich auch bekam.

Ebenfalls 1969 lernte er den Jesuitenpater Ennio Pintacuda kennen, als dieser von seinen Studienaufenthalten in den Vereinigten Staaten zurückgekehrt war. Orlando hatte im Gonzaga schon zwei seiner Brüder kennengelernt, die dort unterrichteten. Pintacuda stammte wie Orlandos Großvater väterlicher-

54

seits aus dem Städtchen Prizzi, wenige Kilometer von Corleone entfernt. Auch Pintacuda hatte Jura studiert und hatte sich nach seiner Priesterweihe nach Amerika begeben, wo er sich in politischer Soziologie spezialisiert hatte. Als er 1968 nach Sizilien zurückkehrte, begann Pintacuda am Zentrum für Sozialstudien zu unterrichten, das 1955 von einigen Jesuiten gegründet worden war.

Das Zusammentreffen mit Ennio Pintacuda bezeichnet Orlando als »die bedeutsamste Begegnung für meine kulturelle Entwicklung. Pintacuda ist ein radikal vorurteilsfreier, unerbittlicher Mensch, der mit Herz und Verstand an die Zukunft denkt.« Orlando gesteht, in jeder Situation Pintacudas Ratschlägen zu folgen. Ist er also ein absoluter Lehrmeister, fast ein Guru, für Orlando?

»Pintacuda habe ich die unbezahlbare Erfahrung zu verdanken, die Dimension des Glaubens mit der der Politik verbinden zu können. Ja, nur durch ihn bin ich wirklich so weit gekommen. Jahrelang hat er das Feld gepflügt, auf dem dann der Palermer Frühling zur Blüte gekommen ist.«

Durch Pintacuda hat Orlando einen modernen Katholizismus kennengelernt, der sich an der Zukunft mißt und sich flexibel gibt. Von Pintacuda stammt das Konzept einer Partei, die eine Organisation von Ideen und nicht ein Ausdruck von Macht ist. Dieses Konzept in die Praxis umzusetzen, hat Orlando mit der RETE versucht.

Pintacuda gründete 1984 das *Centro Pedro Arrupe* für politische Studien. Es handelt sich um ein Studienzentrum, in dem Ideen und Aktionen heranreifen und Konzepte ausgearbeitet werden, die gegen den Totalitätsanspruch der Parteien gerichtet sind.

Seitdem ist Pintacuda nicht mehr von Orlandos Seite gewichen. Er begleitet, unterstützt, berät ihn bei sämtlichen politischen Entscheidungen. Sein Charisma ist groß, und er hat viele Anhänger. Nicht zuletzt ist er auch für die Politikerin der Grünen, Letizia Battaglia, Freund und Vertrauter, die erzählt: »Oft war ich verzweifelt, habe geweint, wollte alles stehen und liegen lassen, aus Palermo weggehen. Statt dessen bin ich zu Pintacuda gegangen, habe mein Herz ausgeschüttet. Er hat diese einzigartige Gabe, einem Hoffnung und Mut zu machen. Und das hat nichts mit seiner Funktion als Geistlicher zu tun, das kann gerade ich, die ich Atheistin bin, versichern.«

7. Ein Freund: Piersanti Mattarella

Piersanti Mattarella ist neben Pintacuda die Hauptfigur für Orlandos politische und geistige Entwicklung. Nur wenige Jahre älter als Orlando, hat er wie auch sein Bruder Sergio das Jesuitengymnasium Gonzaga für eine gewisse Zeit gemeinsam mit Leoluca besucht. Piersanti und Sergio sind Söhne des ehemals mächtigen DC-Funktionärs Bernardo Mattarella, der vielerorts und auch in den offiziellen Akten der verschiedenen Antimafia-Kommissionen des italienischen Parlaments als Verbündeter der Mafia gilt. 1963 war Bernardo Mattarella italienischer Außenhandelsminister.

Leoluca und Piersanti kannten sich von Kindheit an. Piersanti war Freund der ganzen Familie Orlando. Nach seinem Jurastudium arbeitete er als Universitätsassistent an der Seite von Leolucas Vater. Orlando bestreitet, daß zwischen den Vätern Orlando Cascio und Mattarella eine Freundschaft bestanden habe oder daß sein Vater ein Vertrauensmann von Mattarella war. Doch 1965, als Mattarella sein Ministeramt hatte, galt es, einen neuen Präsidenten für die Bank von Sizilien zu ernennen. Mattarella dachte dabei an Salvatore Orlando Cascio als einen kompetenten und erfahrenen Fachmann, da er bei dieser Bank schon die Stelle eines Verwaltungsinspektors innegehabt hatte und seit Jahren im Aufsichtsrat der Bank saß. Leider dachte Mattarella an Orlando Cascio nicht nur wegen seiner unbezweifelbaren fachlichen Qualitäten, sondern wollte mit dessen Nominierung seinen parteiinternen Feinden eins auswischen. Dieser Versuch mißlang. Das Geklüngel innerhalb der Partei und die Machtintrigen an den entsprechenden Funktionsstellen entwickelten jedoch eine starke Eigendynamik mit dem Ergebnis, daß Orlando Cascio nicht zum Präsidenten der Bank ernannt wurde.

Der Außenhandelsminister verlor an Punkten, und sein Stern begann zu sinken. Gleichzeitig wurde er ob seiner unlauteren, mafiaverdächtigen Aktivitäten von verschiedenen Seiten angegriffen, und die »Affäre *Banco di Sicilia*« stand im Mittelpunkt dieser Angriffe. »Deshalb wurde der Name meines Vaters in einem Atemzug mit dem von Bernardo Mattarella genannt, obwohl mein Vater nicht einmal Mitglied der christdemokratischen Partei war.«

Der andere Assistent von Salvatore Orlando Cascio, der, wenn auch erst später und auf andere Weise, in Orlandos politischer Laufbahn eine Rolle spielen sollte (als Piersanti Mattarella bereits tot war), ist Alfredo Galasso. Galasso war lange Zeit aktives Mitglied in der kommunistischen Partei gewesen. Häufig kam es zu heftigen Auseinandersetzungen zwischen Galasso und seiner Partei, die ihn schließlich zum Austritt veranlaßten; Galasso wurde einer der Mitbegründer der RETE.

Bei dem wichtigen Prozeß gegen die Mafia im Jahre 1986 vertrat er die Kinder des von der Mafia ermordeten Generals Dalla Chiesa. Alfredo Galasso ist zusammen mit Carmine Mancuso und Leoluca Orlando Autor der Eingabe beim Obersten Richterrat aus dem Jahre 1991 zum Stand von Mafia, Rechtsprechung und Korruption von Politikern in Sizilien.

Piersanti Mattarella verschrieb sich nach seiner Universitätslaufbahn ganz der Politik. Er gehörte zum Nationalrat der christdemokratischen Partei, war Verantwortlicher der DC für ganz Süditalien. 1978 wurde er zum Präsidenten der Region Sizilien gewählt, und als solcher ernannte er sofort den jungen, knapp einunddreißigjährigen Orlando zu seinem juristischen Berater. Orlando bestreitet, daß seine Ernennung irgend etwas mit ihrer freundschaftlichen Beziehung zu tun gehabt habe. Diese Stelle habe er einzig und allein der Tatsache zu verdanken, daß er, Orlando, die einzige Professur für Regionalrecht an der Juristischen Fakultät der Universität Palermo innegehabt habe. Piersanti Mattarella schätzte Orlando auch auf professionellem Gebiet sehr. Leolucas Aufgabe war die Redaktion von Gesetzesentwürfen, die Ausarbeitung von Gesetzesänderungen und die Abfassung von Berichten über Verfassungsprobleme für das Regionalparlament.

Die Faszination, die Piersanti auf Orlando ausübte, war groß. Orlando beschreibt ihn menschlich gesehen als Vollblutsizilianer, »der nicht herumjammert und immer nur wiederholt, daß die Sizilianer eben anders und deshalb isoliert sind.« Er habe eine völlig neue Art, Politik zu machen. »Er ist all das, was ich nicht bin und was ich gerne sein will.«

Piersanti war mutig, forsch und wußte, was er wollte. Das war die Seite, die Orlando am meisten an ihm bewunderte. Mattarella war schon Präsident der Region Sizilien, als er eine Untersuchung über öffentliche Aufträge im Bereich der Schulen von Palermo anordnete. Die von Mattarella angeführte Regionalregierung »der Solidarität« wurde von der kommunistischen Partei aus der Opposition heraus gestützt.

Für die Durchführung der einzelnen Phasen dieser Untersuchung hatte der Präsident der Regionalregierung einen Verwaltungsinspektor beauftragt. Mattarella wußte genau, daß er damit den Geschäftskomitees Schwierigkeiten bereiten würde, die sich bis dahin unumschränkt in ihrer Allmacht über die Stadt sonnten. Beim Verlassen des Rathausgebäudes hörte Mattarella, der in Begleitung seines Rechtsberaters Leoluca Orlando war, wie der besagte Inspektor im Büro des Gemeinderatsvorsitzenden sein Herz ausschüttete. Piersanti öffnete die Tür mit seinem typischen Elan. Der Inspektor gestand ihm seine Besorgnis oder besser gesagt seine Angst, daß ihm jemand von den allmächtigen Geschäftskomitees an den Kragen gehen könnte. Mattarella beruhigte ihn sofort: »Seien Sie unbesorgt, und bleiben Sie ganz ruhig. Ihnen kann doch gar nichts passieren. Alle wissen doch, daß ich derjenige bin, der diese Untersuchung angeordnet hat.« Und Orlando berichtet: »Wir verließen daraufhin den Raum mit einem großen Gefühl von Sicherheit und waren stolz, einen moralischen Kampf voranzutreiben.«

Auch in den Bereich der öffentlichen Finanzen versuchte Mattarella zumindest ein Stück Legalität hineinzubringen. Durch die Aufdeckung sogenannter passiver Residuen aus den Bilanzen, die die Region als Außenstände bei den Banken hatte, entriß er profitgierigen Politikern und Mafiamitgliedern hunderte Milliarden von Lire. Piersanti Mattarella wollte diese Summen für öffentliche Bauwerke verwenden und stellte damit das System der Finanzpolitik auf den Kopf, aus der die Unternehmermafia große Gewinne zog. Somit war Piersanti Mattarella nicht nur der Mafia, sondern auch einer bestimmten Gruppe von Politikern äußerst lästig geworden.

Die beiden bekanntesten Kronzeugen der Mafia, Tommaso Buscetta und Marino Mannoia, die in ihren stundenlangen Berichten die Geschichte Italiens neu »geschrieben« haben, sagten aus, daß Piersanti Mattarella anfangs als »ansprechbar« galt, eben weil er der Sohn seines Vaters war. Doch Piersanti zeigte sich, im Gegensatz zum Vater, rigoros und begann seinen leidenschaftlichen Kampf gegen die Mafia, vor allem aber auch eine Moralisierungskampagne gegen die überall vorhandene Mafiamentalität.

Falcone sagte seinerzeit vor dem *Consiglio Superiore della Magistratura*, wo er auf die einzelnen Punkte der schon genannten Eingabe der RETE-Mitglieder eingehen mußte, daß Mattarella »vor allem ein Ziel verfolgte, nämlich die bürokratisch-administrative Klasse, die herrschende sizilianische Klasse gegen jede Art von Beeinflussung von außerhalb gefeit und undurchlässig, sie kompakter und solider zu machen, als sie im allgemeinen in jener Zeit war.«

Piersanti Mattarella wurde im Alter von 44 Jahren am 6. Januar 1980 vor den Augen seiner Frau und seiner Kinder von einem Killer auf der zentralen Via Libertà im Herzen Palermos erschossen. Die Familie war ohne Leibwächter auf dem Weg zur Dreikönigsmesse.

Orlandos Urteil ist knallhart: Der Mord an Piersanti Mattarella konnte nicht ohne Beihilfe von Politikern geschehen. Auf die Frage, auf welche Politiker er sich damit beziehe, meint er: »Auf die Politiker, die sich als Machthaber in der palermischen und sizilianischen Politik überhaupt aufspielten. Die Mitglieder der Geschäftskomitees, die Cianciminos, die Gunnellas, die Limas, um nur die Namen sizilianischer Politiker zu nennen, und mit ihnen all die, von denen sie innerhalb der Politik auf Landesebene protegiert wurden und werden.«

Orlando erklärte außerdem: »Wenn die nationale Presse Piersanti Mattarella mehr Beachtung geschenkt und er damit eine größere Öffentlichkeit gehabt hätte, hätten seine Mörder vielleicht kein so leichtes Spiel gehabt.«

Durch Piersanti Mattarella hat Orlando vor allem begriffen, »daß die Mafia ein moralisches Problem und eine Frage bestimmter Spielregeln ist. Die einzige Art, die Mafia, die Beziehungen zwischen Mafia, Politik und Geschäftswelt zu bekämpfen, ist die, die moralische Frage ins Zentrum jeglichen politischen Engagements zu stellen. Die Frage nach der Moralität macht Jagd auf die schlechte Politik und vertreibt sie schließlich. Piersanti Mattarellas Unerbittlichkeit und Scharfsicht auf dem Gebiet der Verwaltung, seine Sorge für das Gemeinwohl waren außerordentlich und wegweisend. Ich werde nie seine Aufmerksamkeit, seine Besorgnis um das Einsparen von Geldern im Verwaltungsbereich zugunsten des Gemeinwohls vergessen. Ich erinnere mich, wie er jeden Abend beim Verlassen seines Büros durch die Gänge lief und in den Zimmern seiner Mitarbeiter das Licht ausschaltete, damit es nicht die ganze Nacht unnötigerweise anblieb. Und manchmal war diese Bewegung schon so automatisch, daß er nicht merkte, wenn ich noch in meinem Zimmer arbeitete, so daß ich dem Präsidenten dann zurufen mußte: ›Piersanti, laß das Licht an, ich bin noch da. Ich arbeite noch.‹«

8. Warum *Democrazia Cristiana*?

Die Gretchenfrage, Orlandos politische Karriere betreffend, lautet: Warum ist Leoluca Orlando 1975 der DC beigetreten?

Die DC – Synonym für italienische »Demokratie«. Die DC – jahrzehntelange Regierungspartei. Die DC – der einzig mögliche Weg des braven italienischen Bürgers zu Gott. Die DC – die Partei, die von Christen und Mafiosi ihre Stimmen bezieht. Die DC – die nach und nach den Unterschied zwischen den genannten Wählerpotentialen verschwinden läßt. Die DC – die die Mafiosi in ihren eigenen Reihen hat. Die DC – die auf nationaler und internationaler Ebene in die größten Skandale verwickelt ist. Die DC – die sich auch nicht scheut, das Leben der eigenen Anführer (Aldo Moro), der Partei- und Staatsräson folgend, zu opfern.

Orlando hatte es bestimmt nicht an Möglichkeiten gefehlt, sich einen umfassenden Einblick in die Machenschaften dieser Partei zu verschaffen. War sein Beitritt ein Akt jugendlicher Unreife? Ein Festhalten an einer vermeintlich heilen Welt?

Orlando kommentiert sich selbst: »Meine Annäherung an die DC ging nur langsam vor sich. Das Klima der 68er-Utopien war verflogen. Da dachte ich, daß es möglich und vor allem notwendig sei, einen Beitrag zur Schaffung einer besseren Zukunft zu leisten. In jenen Jahren war es für einen bürgerlich erzogenen Katholiken wie mich, der gerne auferlegte

Verhaltensmuster sprengte oder einfach transgressiv sein wollte, nicht leicht, eine geeignete Partei zu finden.«

1975 ging die DC aus den landesweit angesetzten Regionalwahlen als Verlierer hervor. Die Linksparteien konnten insgesamt 47 % der Wählerstimmen auf sich vereinigen. Es fehlten ihnen also nur 3 % zur Regierungsmehrheit.

Die DC hatte in ihrer Wahlkampfkampagne den Schwerpunkt auf einen heftigen Antikommunismus und das brennende Problem der öffentlichen Sicherheit gelegt. Die Partei sah letztere hauptsächlich durch den Linksextremismus in Gefahr, mußte aber angesichts der Tatsachen auch den Rechtsterrorismus ins Blickfeld rücken. Die Kampagne der kommunistischen Partei PCI hingegen konzentrierte sich auf die Korruption der christdemokratischen Machthaber. Sich selbst präsentierte die PCI als die Partei der sauberen Hände und als durchaus in der Lage, für die öffentliche Sicherheit zu garantieren, da sie weite Bereiche der Arbeiterschaft kontrollierte – also die Benachteiligten und Unzufriedenen.

Dieses schwache Wahlergebnis, das pathetisch auch als Erdbeben definiert wurde, war einer der Gründe für Orlando, der DC beizutreten.

Doch entscheidend für seinen Schritt, so Orlando, war die Bekanntschaft mit Piersanti Mattarella, den er als unumschränkte Autorität auf menschlichem und politischem Gebiet anerkannte. »Meine gesamte politische Laufbahn hat seinen Anfang bei ihm.«

Offenbar konnte ihn eine Persönlichkeit wie Piersanti Mattarella sein früh in der Praxis erprobtes Theorem von der Gruppenzugehörigkeit als Grund für Entfremdung und Entmündigung des Menschen vergessen machen. Voller Idealismus sah er gemeinsam mit Piersanti innerhalb der alten, väterlich besetzten Welt, aber in offener Konfrontation mit ihr die Möglichkeit einer (bedingten) Umwälzung der alten Parteienlogik. Das ist es, was Orlando die »Schaffung einer besseren Zukunft« nennt.

Eine andere Komponente für die Zielstrebigkeit, mit der Orlando auf die christdemokratische Partei zusteuerte, stellte seine intensive katholische Erziehung dar, die ihm gerade durch ihre traditionelle Einbindung in den italienischen Kulturkreis keinen Ausweg offenzulassen schien. Nachdem er die Erfahrung gemacht hatte, daß das Katholikentum von Jugendlichen und Intellektuellen mit einer unheilbaren Rückständigkeit gleichgesetzt wurde, warf er nicht etwa die katholische Erziehung über den Haufen zugunsten eines eigenen Weges, sondern wollte nun seinen Kulturkreis »von innen heraus« revolutionieren.

Ähnlich verlief seine Heidelberg-Erfahrung. Er selbst fühlte sich als Zaungast, bewunderte die große weite Welt, zeigte sich vorurteilsfrei, ließ sich aber nie so weit involvieren, daß er sein Katholischsein tatsächlich in Frage gestellt und sich alternativen Zukunftsprogrammen zugewandt hätte. Und derer gab es seinerzeit in Heidelberg recht viele.

Die starke Identifikationsbereitschaft mit seinem Vater, mit Piersanti Mattarella und dem Jesuitenpater Pintacuda macht eine unzensierte Antwort auf das *Warum* der Mitgliedschaft in der DC unmöglich.

Orlando war sich sehr wohl der Tatsache bewußt, daß er Mitglied in einer korrupten, heuchlerischen Partei wurde. Doch meinte er in einem ersten Moment, dem dadurch entstandenen Gewissenskonflikt entgehen zu können, indem er versuchte, die Linksfraktion innerhalb der DC zu verstärken.

Sein langes Festhalten an der patriarchalischen Welt war letztlich seine Art des Widerstands gegen die Erkenntnis, daß die Macht der DC und der väterlich-konservativen Welt keine Daseinsberechtigung mehr hat.

Im Laufe seiner ersten Bürgermeisterzeit machte Orlando zwei wichtige, parallel verlaufende Erfahrungen. Einmal die, daß die »Nicht-Katholiken« ihn tatsächlich akzeptieren konnten für das, was er darstellte und was er bewirkte. Die zweite grundlegende Erfahrung war: Die Machtversessenheit der DC ist deshalb unstillbar, weil sie sich als den einzig legitimen Weg zu Gott ansieht. Sie schreckt deshalb auch nicht vor Verbrechen, Korruption und Heuchelei zurück.

Am Scheideweg angelangt, mußte Orlando einsehen, daß er dem Prinzip des »Revolutionärs in den Armen der Partei« Lebewohl sagen mußte. Die *Democrazia Cristiana* war nicht zu erneuern. Aus der *Democrazia Cristiana* konnte er nur noch austreten!

9. Neue Hoffnung für Italien: die RETE

Am 7. Mai 1990 geschah etwas Einmaliges in der politischen Geschichte Palermos: Leoluca Orlando konnte bei den Kommunalwahlen 71.000 Wählerstimmen auf sich vereinen. Kein anderer Politiker in Palermo hatte jemals einen solchen Konsens erreichen können. Die DC hatte somit wieder die absolute Mehrheit im Stadtrat. Doch wurde Orlando gleich darauf innerhalb seiner Partei isoliert; die rechte DC-Fraktion unter Giulio Andreotti und Armaldo Forlani hatte endgültig das Ruder an sich gerissen, und der Kurs ging nach scharf rechts. Für Palermo bedeutete das den Verzicht auf das »Sechs-Farben-Parlament«. Die DC wollte eine christdemokratische Mehrheit, eine »einfarbige« Stadtregierung, aber vor allem keine Kommunisten im Gemeindeausschuß. Da Orlando eine Mitwirkung der PCI in der Stadtverwaltung ausdrücklich befürwortete, sah er sich gezwungen, seinen Bürgermeistersitz aufzugeben. Das wurde seine letzte Handlung unter direktem oder indirektem Diktat der christdemokratischen Parteidisziplin.

In den darauffolgenden Wochen ließ Orlando in zahlreichen Interviews durchblicken, er habe ein neues Konzept in der Schublade. Im August 1990 lancierte er in Trient, wo gleichzeitig der Kongreß der »Weißen Rose«, einer Vereinigung demokratischer Katholiken, stattfand, die Idee der RETE. Noch war aber unklar, ob es sich dabei um eine neue »Partei-Strömung« innerhalb der DC oder um eine ganz neue politische Formation handeln würde. Das Parteiorgan der DC, *Il Popolo*, bezeichnete Orlando in einem Artikel als »unseriös und größenwahnsinnig«. Wieder folgte eine Auseinandersetzung mit Francesco Cossiga, der Orlando beschuldigte, den Antimafia-Kampf geschwächt zu haben. Cossiga griff auch den Jesuitenpater Ennio Pintacuda, Orlandos Berater, an. Die katholische Kirche schlug sich auf Cossigas Seite. Pintacuda drängte Orlando zum Austritt aus der DC und geriet dadurch selbst in Konflikt mit seinem Vorgesetzten, Padre Sorge, dem Leiter des *Centro Arupe*. An diesem Palermer Institut für politische Soziologie war Pintacuda als Lehrender tätig. Sorge bezog gegen Orlandos Idee der RETE Stellung und meinte, dies sei keine Zeit für Aufsplitterungen und Fraktionierungen.

Auf dem DC-Parteikongreß am 25. November 1990 schlossen alle Flügel und Strömungen der Partei Frieden, auch die linke Fraktion um De Mita. Orlando war in seiner Funktion als Mitglied des DC-Nationalrats zugegen, doch unruhiger denn je. Als De Mita dann einstimmig zum Vorsitzenden der DC gewählt wurde, verließ Orlando den Kongreß und die *Democrazia Cristiana*. Die beiden Gesichter der Partei waren definitiv zu einem einzigen geworden – das der herrschsüchtigen und korrupten Politikerklasse, die von De Mita bestens repräsentiert wurde. Endlich waren die Würfel gefallen.

Das Basisdokument der RETE hatte Orlando während eines Aufenthalts in den Bergen um Trient ausgearbeitet (»in frischer Luft, an einem kleinen Tischchen in der Sonne«), bevor er es in Trient vorlegte. Es beginnt mit den programmatischen Worten: »Die RETE entsteht nicht erst heute, sie gibt es immer schon.«

Diese »Bewegung für die Demokratie« gründet auf einer katholisch-demokratischen Tradition. Doch allein mit diesem puristischen Ansatz von Katholizismus und Demokratie als höchsten Garanten für die Durchsetzung der Werte der menschlichen Zivilisation hätte die RETE nicht lange politisch überlebt.

An der Gründung der RETE maßgeblich beteiligt war Diego Novelli, ehemaliger sehr populärer Bürgermeister von Turin und PCI-Mitglied, der Orlando schon seit 1983 kannte. Novelli hatte seinerzeit mit Enrico Berlinguer, dem historischen Anführer der Kommunistischen Partei Italiens, heftige Auseinandersetzungen geführt, da er früh schon – lange vor *mani pulite* und *tangentopoli* – erkannt hatte, wie weit die Korruptionswirtschaft auch innerhalb der kommunistisch-sozialistischen Allianz verbreitet war (z.B. bei der Vergabe öffentlicher Aufträge).

Gemeinsam mit anderen führenden Persönlichkeiten aus dem öffentlichen Leben hatten Orlando und Novelli 1987 einen Verlegerzusammenschluß gebildet, um ein freies Informationsorgan zu gründen, das von den großen Verlagsholdings unabhängig sein sollte. Als Orlando dann aus der DC austrat, »war es für uns fast natürlich, eine unter uns schon seit langem latente Diskussion über die Möglichkeit, eine politische Bewegung ins Leben zu rufen, zu intensivieren. Ich schickte einen Brief an Nando Dalla Chiesa, der auf gewisse Weise Anstoß zu dem Dokument wurde, das dann Grundlage für das Gründungsstatut der RETE wurde.

Zahlreiche Kontakte fanden statt, bevor wir uns dann im Dezember in den Redaktionsräumen unserer Zeitschrift *Avvenimenti* in Rom trafen. Wir, Orlando, Pater Pintacuda, Alfredo Galasso, Nando Dalla Chiesa, ich und andere setzten uns dort zusammen. (…) Ich war derzeit in der kommunistischen Partei eingeschrieben und blieb es auch noch 1991. In dieser Versammlung wurde Dalla Chiesa beauftragt, das Gründungsstatut der RETE vorzubereiten.« (Diego Novelli, in: Savatteri, *La sfida di Orlando,* S. 23)

Eines der interessantesten Merkmale dieser »Bewegung« – und zugleich ihr kritischer Punkt – war ihre zeitliche Begrenzung: Da die RETE ihrem Selbstverständnis nach eine Bewegung und keine Partei mit ideologischen Totalitätsansprüchen war, sollte sie sich nach Erreichung ihrer Ziele selbst auflösen. Damit stellte schon ihre Form eine kohärente Kritik an dem politischen System Italiens dar, das der dringlichsten Veränderung bedurfte. Die politische Situation wird in den ersten Zeilen des Gründungsstatuts so geschildert:

»Die aktuelle, schwerwiegende Krise innerhalb der Politik, der Institutionen und der herrschenden Moral in Italien ist die ›Endstation‹ eines politischen Systems, das in einem besonderen historischen Moment entstanden ist und sich fortentwickelt hat und das eine vollständige Gleichsetzung von Demokratie und Parteiensystem (*partitocrazia*) hervorgebracht hat. (...) Über Jahrzehnte haben sich die politischen Protagonisten den grundlegenden Kontrollmechanismen demokratischer Systeme entzogen.« (Gründungsmanifest der RETE, in: Savatteri, *La sfida di Orlando,* S. 25)

Welche katastrophalen Zustände die *partitocrazia* in Italien zu verantworten hat, ist bekannt. Die perfideste Form dieser »Parteienwirtschaft« ist die Zusammenarbeit von Politik und Mafia. Orlando und seine Mitstreiter haben deshalb ihren Kampf für das *Individuum* mit sämtlichen ethischen und moralischen Werten christlich-humanistischer Tradition ins Zentrum ihres politischen Wirkens gestellt. Sie kämpfen für die Ethik in der Politik.

Im Gegensatz zur herkömmlichen Parteienstruktur soll in der RETE jeder *ganz* für sich verantwortlich sein. Und das heißt, daß für die Bewegung der einzelne mehr bedeutet als jegliche Form von Zugehörigkeit zu Partei, Clan, Familie oder »Gruppe« schlechthin. Jeder ist ein einziges Ganzes und nicht in erster Linie Teil eines übergeordneten »Größeren«.

Es soll ein »dichtes Netz von Gemeinschaften, kulturellen, verlegerischen, ökologischen Vereinigungen und Bürgerinitiativen entstehen, das das menschliche Individuum und sein Verhältnis zur bürgerlichen Gesellschaft, zu Parteien und Institutionen revolutionieren soll.« Diesen Instanzen soll die Möglichkeit direkter Repräsentanz in den Institutionen verschafft werden. Zentralpunkte dieser »sanften Revolution« sind also die Basispolitik und die programmatische Überordnung allgemein menschlicher Werte wie Solidarität, Freiheit und Gerechtigkeit über sämtliche politischen Zielsetzungen nationaler und internationaler Reichweite.

Wo genau ist die RETE politisch gesehen anzusiedeln? Sie zählte zumindest bis zu den Parlamentswahlen 1994 neben PDS, Grünen, Sozialisten, Kommunistischer Neugründung und anderen zu den progressiven Parteien. Die RETE ist zwar fortschrittlich-links zu nennen, weil ihr Anführer Leoluca Orlando auch schon als Christdemokrat zur linken Fraktion gezählt hatte und diese Basis in die neue Bewegung mit hinein brachte. Doch repräsentiert Orlando auch nach seinem Austritt aus der DC nicht »die Linke«, denn die historische Linke Italiens baut auf Traditionen auf, die ihm aufgrund seiner Erziehung und seiner Herkunft einfach fremd sind.

Um eine linksorientierte Politik voranzutreiben, benötigte die RETE andere Persönlichkeiten. Und Orlando mit seinem ansteckenden Enthusiasmus war es gelungen, Männer wie Diego Novelli, Alfredo Galasso, Nando Dalla Chiesa, Gaspare Nuccio, Claudio Fava und viele andere um sich zu sammeln, die die italienische Linke repräsentieren. Frauen gibt es in der RETE nur wenige, auch wenn Letizia Battaglia meint, Orlando sei kein Frauenfeind und daß es an den Frauen selbst liege, ob sie sich exponieren und engagieren wollen oder nicht.

Alfredo Galasso zum Beispiel ist ein sehr engagierter Strafverteidiger und Publizist. Er hat als PCI-Mitglied und Vertreter in der sizilianischen Regionalversammlung oft seine eigene Partei kritisiert, weil sie viel zu nachgiebig und tolerant gegenüber der mafia-verseuchten DC war. Galasso war auch Mitglied des *Consiglio Superiore della Magistratura* und vertrat beim bekannten Maxi-Prozeß gegen die Mafia die Kinder des ermordeten Generals Alberto Dalla Chiesa, die als Nebenkläger auftraten. In der vergangenen Legislaturperiode arbeitete er in der übergeordneten Antimafia-Kommission.

Oder Nando Dalla Chiesa, Soziologe und Dozent in Mailand, der immer schon in vorderster Front im Kampf gegen die Mafia stand, und das nicht nur aus persönlichem Vergeltungsdrang. Er war in der Studentenbewegung aktiv und trat 1981 der PCI bei, ohne allerdings eine führende Rolle zu übernehmen. Bei den Mailänder Bürgermeisterwahlen im Juni 1993 verlor er nur knapp gegen den *Lega-Nord*-Kandidaten. Knapp verloren auch andere RETE-Bürgermeisterkandidaten, so Diego Novelli in Turin und Claudio Fava in Catania.

Claudio Fava ist Journalist und hat 1984 die Leitung der Zeitschrift *I Siciliani* übernommen, nachdem sein Vater, Begründer dieses kritischen Presseorgans, von der Mafia ermordet worden war. Außer in der RETE war er in keiner anderen politischen Formation engagiert.

Gaspare Nuccio war erst in der links von den Kommunisten angesiedelten *Democrazia proletaria* aktiv, bevor er zu den Grünen ging. Sein spezielles Engagement gilt dem Kampf gegen die Mafia und der Friedensbewegung. Drei lange Sommer hat er bei der Protestbewegung in Comiso gegen die geplante amerikanische Raketenbasis verbracht. Er ist heute Verantwortlicher der RETE für Informationsfreiheit.

Ihre ersten Erfolge konnte die RETE bei den Regionalwahlen am 16. Juni 1991 in Sizilien verzeichnen. Der Wahlkampf wurde mit größtem Engagement geführt, denn eine »Heimniederlage« hätte für die RETE das Ende bedeutet. Mit Unterstützung des Staatlichen Koordinierungsorgans im Kampf gegen die Mafia, der katholischen Antimafia-Basisgruppe *Gruppo Daniele,* und der Jugendorganisation »Frühling '90« wurde ein gewaltiger Propagandaapparat aufgezogen. Die örtliche Presse und die traditionellen Parteien versuchten, die RETE durch »Totschweigen« ins Aus zu drängen.

Propaganda hieß und heißt aber auch ganz einfach Dabeisein, Präsentsein, mitten im Geschehen zu sein. So waren Orlando und die anderen RETE-Mitglieder Tag und Nacht an allen Ecken und Enden Palermos mit von der Partie.

Das Resultat war umwerfend. Die RETE erzielte in Sizilien 7,3 %. Allein im Wahlbezirk Palermo erreichte sie 26 % gegenüber der DC, die von 49 auf 33 % abfiel. Die RETE war mit diesem Ergebnis die viertstärkste Partei Siziliens hinter der DC, PSI, PDS und zweitstärkste in Palermo geworden.

Mit diesem starken Rückenwind stürzte sich die RETE im April 1992 voller Enthusiasmus auf die Parlamentswahlen. Sie präsentierte ihre Listen in 22 von insgesamt 32 italienischen Wahlbezirken. Der Durchschnittskonsens lag bei 2,3 %; allein in Palermo betrug er aber 28,5 %. Orlando hatte sich in den RETE-Listen in Palermo, Rom und Verona aufstellen lassen. Allein in Palermo konnte er 135.000 Stimmen auf sich vereinen (35.000 in Rom, 55.000 in Verona). Leoluca Orlando war 1992 der meistgewählte Politiker in ganz Italien.

Orlandos Charisma wuchs. Seine Stellung an der Spitze der RETE schien unangreifbar. Doch bei den

Parlamentswahlen im März 1994 verlor die RETE im Verbund mit den Progressisten gerade in Palermo haushoch gegen *Forza Italia* mit dem Listenführer Berlusconi. Landesweit kam sie nur auf 1,9 %, die Progressisten schafften insgesamt 34,6 %.

Der Stimmenverlust in Palermo war um so alarmierender, als mit dem Listenführer der RETE, dem Richter Antonino Caponnetto, der Gründer des Antimafia-Pools aus dem Rennen geworfen wurde. Die Zeichen standen auf Sturm!

Orlando zog sich nach der Niederlage aus der öffentlichen Diskussion zurück. Erst Wochen später kommentierte er den Wahlausgang: »Wenn dieses Ergebnis tatsächlich Ausdruck des italienischen Wählerwillens war, dann habe ich einen Fehler begangen. (…) Wir waren nicht unschlagbar, doch wir haben gedacht, daß sich der Konsens, den der Bürgermeisterkandidat 1993 auf sich vereinen konnte, 1994 leicht auf die vom Bürgermeister gestützten Kandidaten übertragen ließe.«

Das Netz begann zu reißen, die gesellschaftliche und politische Spannung war massiv. Obwohl sich führende RETE-Mitglieder dagegen ausgesprochen hatten, kandidierte Orlando im Juni 1994 bei den Europawahlen. Sein Wahlslogan war »Den Palazzo delle Aquile nach Straßburg – Europa nach Palermo«. Seine Kandidatur sah er als Beitrag zur Widerstandsbewegung gegen den »Würgegriff der nationalen (italienischen) Regierung« an: Die Stadtregierungen müssen an Europa angebunden werden, damit sie nicht den Totalitätsbestrebungen der aktuellen Regierung erliegen, »die leicht zu einem Regime werden kann«.

Schon gibt es neue Pläne, die jedoch von einem »alten Meister« stammen, der sich immer in Orlandos

Hintergrund gehalten hat: Padre Pintacuda. Er kritisiert Orlando, da dieser eine Stadtregierung mit einer einseitigen Sichtweise des Antimafia-Kampfes anführe – seltsam, wenn man bedenkt, daß sich Orlando doch immer an ihn gewandt hat, um Rat in Sachen Antimafia einzuholen. Jetzt aber solle Orlando, so Pintacuda, die RETE auflösen und eine neue »demokratische Partei« gründen.

Dieser Ratschlag Pintacudas fiel bei Orlando streckenweise schon auf fruchtbaren Boden: Orlando sieht für die RETE einen Ruck Richtung Mitte vorher; die RETE soll ein neues Auffangbecken für Katholiken und Laien bilden, die sich am Zentrum orientieren wollen.

Diese Bewegung mit Ziel Zentrum behagte Nando Dalla Chiesa ganz und gar nicht. Im April trat er sang- und klanglos aus der RETE aus. Claudio Fava bezichtigte Orlando, sich wie ein französischer Monarch zu benehmen. Auch Fava verließ die RETE.

Ob das NETZ wieder geflickt werden kann, ist fraglich. Um Parteien durch Basisarbeit und »Bewegungen« zu ersetzen, bedarf es Reife, Kohärenz und Verantwortungsbewußtsein. Willen zur Demokratie – vom Volk ausgehend.

II
Orlando Live

1. Ein Mosaikporträt

Bei dem Versuch, ein möglichst komplexes Bild von Leoluca Orlando einzufangen, sieht man sich mit den extremsten Urteilen über ihn konfrontiert. Sowohl in Palermo als auch auf dem gesamten italienischen Festland wird er entweder als »Held im Kampf gegen die Mafia oder als Volksdemagoge« (Alajmo, *Epica,* Vorwort) definiert. Ihn von einer rationalen, dialektischen Warte aus zu porträtieren, weder für noch gegen ihn Stellung zu beziehen, ist ein schier unmögliches Unterfangen. Die Geschehnisse überstürzen und überlagern sich ständig mit rasender Geschwindigkeit. Die ihn betreffenden Notizen und Nachrichten sind vielschichtig und oft widersprüchlich. So fügt sich von Mal zu Mal ein anderes Mosaikstück in das Porträt ein. Orlandos Bild erscheint jedesmal in einem ganz neuen – strahlenderen, klareren oder unangenehmeren, trüberen Licht. »Orlando liebt oder haßt man – daran gibt es wenig zu rütteln.« (Alajmo, *Epica,* Vorwort)

Mit Orlando ein wirklich informatives Gespräch über ihn als Menschen und sein privates Leben zu führen ist trotz seines besten Willens fast ausgeschlossen. Seine herzlich untermauerten Begründungen, warum er auch den nächsten Interviewtermin wieder nicht einhalten kann, werfen mehr Licht auf sein wirkliches Verhältnis zu seinen biografischen Daten, als es ihm vielleicht lieb ist. So spitzte ich die Ohren, um Stimmen anderer zu hören. Ich wollte ihn so lebendig wie möglich sowohl unter dem wechselnden Licht seiner Alltagssituationen als auch seiner ganz persönlichen, intimen Innenwelt darstellen. Dafür habe ich mich durch sein Umfeld im weitesten Sinne zu ihm »vorgerobbt«. Das Mosaikporträt, das auf meiner »Reise« entstanden ist, soll dem Leser einen roten Faden an die Hand geben, der aus Stimmen von Menschen, die ihn lieben oder hassen, ihn unterstützen oder bekämpfen, aus Orten, Handlungen, Geschichte, Vergangenheit und Zukunft gemacht ist. Ein Bild, das die runden und eckigen, scharfen und verschwommenen Umrisse eines modernen Politikers herausbildet, der die moralische Frage in der Politik nicht nur als Beiwerk unter anderem, sondern als *Conditio sine qua non* in den Mittelpunkt allen gesellschaftlichen Handelns stellt. Darin geht er sogar soweit, daß er zusammen mit dem Präsidenten der Vereinten Nationen eine Kommission für die Überprüfung und Garantie der ethisch-moralischen Tauglichkeit aller Politiker einrichten will.

2. Italien – Politik und Mafia

Jetzt ist er wieder Bürgermeister von Palermo. Er, Leoluca Orlando, erreichte am 21. November 1993 mit einer umwerfenden Mehrheit von über 75 % gleich im ersten Wahldurchgang sein Ziel. Der sonnigste Pressekommentar am Morgen danach lautete: »Es ist wieder Frühling in Palermo«. »Palermer Frühling« war der hoffnungsverheißende Sammelbegriff für die umwälzenden Erfahrungen während Orlandos erster Bürgermeisterzeit in Palermo (1985-1990) gewesen.

Bei den gleichzeitig angesetzten Kommunalwahlen in den anderen großen Städten, wie zum Beispiel Rom, Neapel und Venedig, bedurfte es eines zweiten Wahldurchgangs – Italien, so hieß es einstimmig in allen

Zeitungen am Morgen danach, gehe jetzt nach links. Diese Beurteilung mußte bei der endgültigen Stimmenauszählung stark modifiziert werden, denn das rechte Lager, die neofaschistische Partei MSI (*Movimento sociale italiano*) und die *Lega Nord* konnten sich in den genannten und anderen Städten ebenfalls einen großen Konsens verschaffen. MSI-Chef Gianfranco Fini, Mussolini-Adept und rhetorisch bestens geschult, unterlag bei der Bürgermeisterwahl in Italiens Hauptstadt dem Politiker aus den Reihen der Grünen, Francesco Rutelli, mit nur wenigen Stimmen.

Palermo jedoch hatte seinen »Vizekönig« wieder, wie Orlando vielerorts in der italienischen Presse spitzfindig genannt wird. Dieser Begriff bezieht sich sicherlich erst in zweiter Linie auf seine aristokratische Abstammung. Vielmehr soll damit die jahrhundertelange Existenzform Siziliens als Kolonie des einen oder anderen Königshauses auf tragisch-provokatorische Weise hervorgehoben werden. Der Vizekönig regierte in Palermo als Statthalter des Königs. Emblematisch für eine der Kolonialherrschaften war die Epoche des »Königreichs beider Sizilien«, (Neapel-Sizilien) zwischen 1504 und 1713 unter der Herrschaft der Spanier.

Diese Epoche wird meisterhaft in dem historischen Roman *Die Vizekönige* des großen sizilianischen Schriftstellers Federico De Roberto (1861-1927) erzählt. Es handelt sich um die Geschichte einer spanischen Familie in Catania zu Zeiten der italienischen Einigungsbewegung (*Risorgimento*), die den Beinamen »Die Vizekönige« trug, zur Erinnerung an ihre Vorfahren, die dieses Amt während der spanischen Besatzung der Insel innehatten.

Der zweite Teil des Romans schildert das abenteuerliche Leben eines der Sprößlinge dieses dekadenten Adelshauses: Consalvo, der im Kloster von San Nicola erzogen worden ist, hat wegen seines ausschweifenden Lebens in der Stadt die ersten Auseinandersetzungen mit seinem Vater. Nach einer Reise durch Europa und Italien bekehrt er sich zum Studium und gibt sich verbissen und voll ungekannten – und für den Adelsstand »entehrenden« – Ehrgeizes der Arbeit hin. Sein Ziel ist es, nicht nur Ruhm und Achtung auf regionaler, sondern auch auf nationaler Ebene zu erringen. Mit Kalkül und großer rednerischer Begabung macht er sich die modernen Ideen und Ideologien zur Durchsetzung seiner Ziele zunutze. Ganz jung noch wird er ins Amt des Bürgermeisters von Catania gewählt. Danach bekennt er sich zur historischen Linken und hält als deren Abgeordneter Einzug ins italienische Parlament. Die Streitigkeiten mit dem Vater spitzen sich zu, bis Consalvo am Ende gar teilweise enterbt wird.

Abgesehen von dieser drastischen Maßnahme des autoritären Vaters lassen sich unschwer Parallelen zwischen dem Werdegang Consalvos und den biografischen Anfängen Leoluca Orlandos erkennen. Natürlich ist Palermo im Jahr 1993 nicht Catania 1871. Zumindest erscheint es so.

Der aristokratisch-feudale Hintergrund, auf den die Bezeichnung »Vizekönig« anspielt, ist jedoch im Fall Orlandos nicht nur journalistische Effekthascherei; vielmehr spiegelt dieser Begriff eine aktuelle Realität Siziliens und im besonderen Palermos wider, die der feudalen Gesellschaftsordnung des vergangenen Jahrhunderts auf tragische Weise nahekommt.

Die Mafia, dieses kriminelle und omnipotente Regime der Korruptionswirtschaft, das seit dem Ende des

Zweiten Weltkriegs die Italiener immer weniger zu Bürgern und immer mehr zu Untertanen werden ließ, hatte Palermo zu ihrem »Königssitz« auserkoren. Die Machtausdehnung der »königlichen Herrschaft« war (und ist) an der Macht ihres Hofstaates meßbar, der tatkräftig und auf vielfache Weise das kriminelle System aufrechterhält. Gemeinsam stellen sie die »Organisation« dar. Dabei hat die Führungsspitze darauf zu achten, daß kein einzelner Höfling zu mächtig wird. Macht soll nur die »Organisation« als ganze haben. Sie bestimmt, wieviel Macht – in zählbaren demokratischen Wählerstimmen – jedem einzelnen seiner Höflinge zukommen soll.

»Dieser Bund, den die Mafia mit einzelnen Politikern oder ganzen Parteilinien, vor allem der Regierungsparteien, eingeht, besteht aus einem perversen Tauschabkommen, nach dem die Mafia ihre Macht zur Einschüchterung und die ihr eigene Fähigkeit der Konsensmanipulierung zur Verfügung stellt und im Gegenzug dafür größere Macht und vor allem Straffreiheit für ihre verbrecherischen Aktivitäten erhält. Doch ist dieser Pakt nicht gekennzeichnet von einer irgendwie gearteten Subalternität der Mafia (...). Im Gegenteil sind es die Politiker, die, sobald sie in Beziehungen zur Mafia treten, von einem dichtgesponnenen Netz umgarnt sind, das unmöglich entwirrbar oder kontrollierbar ist.« (Vaiarelli, *Società,* S. 34)

Dieses alte Regime, das nie ganz besiegt und beseitigt, doch angeschlagen war und der Niederlage nahe schien, hat bei den Parlamentswahlen Ende März 1994 in Italien und besonders in den Wahlbezirken Palermos und Catanias seine grausige Übermacht beweisen können. Der Kampf gegen die Mafia, der in der sizilianisch-italienischen Politik seinen festen Platz an der vordersten Front zu behaupten schien, war ins Aus gedrängt worden. Der Richter Antonino Caponnetto, eine Leitfigur im Kampf gegen die Mafia und »Vater« des Antimafia-Pools, dem auch die ermordeten Richter Falcone und Borsellino angehört hatten, war Kandidat der RETE für den Stadtratsvorsitz in Palermo. Bei den Wahlen unterlag er einem Kandidaten der rechten *Forza Italia.*

Orlando hatte noch vor der Wahl verkündet, daß die RETE ein Dossier mit Namen, Fakten und Beweiselementen vorbereite, um auch der Staatsanwaltschaft gegenüber zu belegen, »daß sich hinter den Wahlclubs von *Forza Italia* in Sizilien Mafiaclans zusammenrotten. (...) ›Wir werden‹, sagte er, ›alle beunruhigenden Phänomene dieser Wahlkampagne auflisten. Es darf Herrn Berlusconi nicht gestattet werden, das gleiche zu machen, was Claudio Martelli getan hat!‹ Damit bezog er sich auf die Polemik zu den Wählerstimmen der Mafia, die bei den Parlamentswahlen 1987 den sozialistischen Kandidaten mit Martelli als Listenführer und der Radikalen Partei im Wahlbezirk Palermo zugeflogen waren. Orlando denunzierte diesen Tatbestand einige Wochen nach der Wahl. Die Abgeordneten der sozialistischen Partei verließen die Kommunalverwaltung. Die ›Reumütigen‹, die Pentiti der Mafia, bestätigten es später: ›Wir wollten der DC wegen der Antimafia-Gesetze eins auswischen‹, wußten sie zu berichten. (...) Die Gesichter der Mafiosi, die sich für *Forza Italia* einsetzen, sind schon der Beweis dafür, daß die Mafia hinter Berlusconi steht.« (*Il Manifesto*, 20. März 1994)

Vor und nach den Wahlen gab es zahlreiche Bomben- und Brandanschläge auf Häuser, Arbeitssitze,

Autos u.a. der fortschrittlichen Bürgermeister und Abgeordneten vieler Gemeinden in Westsizilien. Dahinter »verbirgt sich eine Strategie, ein politisch-mafioser Plan«, meint Leoluca Orlando. Doch diese kriminellen Handlungen hatten nicht den gewünschten Einschüchterungseffekt. Die Bürgermeister von Terrasini, Piana degli Albanesi, Corleone, Marineo und andere machen weiter. Inzwischen können sie auf eine starke und konkrete Solidarität von seiten der wachen und fortschrittlichen Bevölkerung Siziliens und anderer Bürgermeister und Kommunalpolitiker aus den Städten im Norden, wie zum Beispiel Modena, Reggio Emilia und Genua, zählen. Dennoch sprechen die Zahlenverhältnisse eine klare und beängstigende Sprache.

Das *ancién regime* hatte auf neue Zugpferde gewartet und sie gefunden. Das Gesicht der Macht, das Regierungsbündnis zwischen *Forza Italia, Lega Nord* und Neofaschisten verdeckt wieder einmal fratzenhaft grinsend das Licht der Hoffnung. Denn feinfühlig und geschickt sucht die Mafia immer die Nähe der offiziellen und inoffiziellen Macht. Willig läßt sie sich zu deren verlängertem Arm machen und verleibt sich ihrerseits die offiziellen Machthaber ein, bis sie mit ihnen ein »organisches« Bündnis geschlossen und sie zu einem ihrer zahlreichen Arme mit tödlichem Griff gemacht hat. Mafia – das ist nicht mehr der Staat im Staat oder der Anti-Staat in einer Feudalgesellschaft. Die Mafia gehört wie Geheimlogen und Geheimdienste zu den obskuren Mächten, derer sich die offiziellen Machthaber seit dem letzten Weltkrieg nicht nur in Italien, sondern auch in anderen europäischen Ländern, in den Vereinigten Staaten und in Südamerika bedient haben. Man denke nur an den weltweiten Drogenhandel und die Raffineriezentralen für Heroin und Kokain in Sizilien.

3. Sizilien, eine einmalige Insel

Wie international und europäisch Orlando selbst sein Wirken und Streben auch faßt, ist er doch Sizilianer bis ins Mark. Palermo und die palermische Gesellschaft sind deshalb sein Prüffeld und sein natürlicher Hintergrund.

Noch heute nennen die italienischen Insulaner das Festland *continente*. Damit verdeutlichen sie in erster Linie ihre Isolation, ihr Abgeschnittensein. Diese spezifische Inselrealität hat sich in den Charakterzügen vieler Inselbewohner niedergeschlagen. Sie zeigt sich einmal in einer scheuen Verschlossenheit, die nach außen hin durchaus mit einer herzlichen Gastfreundschaft Hand in Hand gehen kann. Unter Verschlossenheit ist hier die ständige, ins Blut übergegangene Verteidigungsbereitschaft ihres Lebensraums zu verstehen, der von nur schwer zu versperrenden Wasserstraßen umgeben ist.

Sizilien war immer schon fette Beute für Invasoren: Griechen, Phönizier, Römer, Wandalen, Ostgoten, Araber, Normannen, Staufer, Franken, Spanier, Savoyer und Bourbonen wechselten einander durch die Jahrtausende als Besatzer ab. Sizilien war reich an Bodenschätzen, fruchtbar, waldreich, umflossen von fischreichen Wassern – und strategisch günstig gelegen. Sizilien war immer schon paradiesisch schön.

Und – Sizilien hat so viele und so bedeutende Schriftsteller wie keine andere italienische Region in den letzten 100 Jahren hervorgebracht: Giovanni Verga, Federico De Roberto, Luigi Pirandello, Giuseppe Tomasi di Lampedusa, Vitaliano Brancati, Elio Vittorini, Salvatore Quasimodo, Leonardo Sciascia.

Ich selbst habe Sizilien bis zu Anfang dieses Jahres »nur« aus seiner Literatur gekannt – und habe mich immer wieder bei dem Versuch ertappt, die bluttriefende Chronik der letzten Jahrzehnte instinktiv als die andere, die nicht eigentliche Geschichte Siziliens einzuordnen.

»Da, wo das Inselelement vorherrschend ist, ist es schwer, sich selbst zu retten. Denn jede Insel wartet geduldig auf nichts anderes, als sich in den Abgrund zu stürzen. Eine Inseltheorie setzt zwangsläufig bei folgender Konstatation an: Eine Insel kann jeden Augenblick verschwinden. Als Meeresentität erhebt sich die Insel über die Wasser, über das Instabile. Für jede Insel gilt die Metapher des Schiffs – sie ist ständig vom Schiffbruch bedroht. Das Inselgefühl ist ein obskurer Vernichtungstrieb, dem sich die Insel hingibt. Die Unruhe des Auf-einer-Insel-Lebens als *modus vivendi* verrät die Urahnung: Flucht ist unmöglich. Die Lust am Verschwinden ist die esoterische Essenz Siziliens. Da jeder Inselbewohner lieber nicht auf der Welt wäre, lebt er wie einer, der nicht leben möchte. Die Geschichte mit ihrem verhaßten Lärm geht an ihm vorüber. Aber hinter dem vordergründigen Tumult verbirgt sich eine tiefe Stille.

Nach außen hin das Summen des Bienenstocks, jenseits eine Sehnsucht nach Stillstand. Eine ›Geschichte‹ Siziliens erfaßt nur ihre Oberfläche. In ihrer Tiefe ist sie Vorgeschichte. In den südlichen Meeren beherrschen die Inselbewohner das Meer auf ihren Schiffen. Auf der Schiffahrt wird das Meereselement ausgelöscht, so, als sollte es zu fester Erde werden.« (Sgalambro, *Storia,* S. 8).

Wer von den Sizilianern den Schritt über die Meerenge gemacht hat, aus Abenteuerlust oder durch existentielle Nöte gezwungen (allein zu Anfang des 20. Jahrhunderts waren es rund 600.000 sizilianische Emigranten, die hauptsächlich in die Vereinigten Staaten, nach Argentinien und Kanada auswanderten), bleibt mehr als jeder festländische Emigrant mit dem eigenen Boden verhaftet. Diese Rückbindung kann die Dynamik eines wachsenden Heimwehs annehmen und wird somit konservierende Trauer. Der verlassene Ort symbolisiert nunmehr die eigene Vergangenheit, und die Sehnsucht nach Heimkehr ist unveränderlich. Der Norden, der Arbeit und Überleben bietet, gilt nur als Ersatz für das eigentliche Leben.

Doch der Gegensatz zwischen dem Gefangensein in den Gewaltstrukturen Siziliens und der Freiheit als höchstem Ausdruck von Menschenwürde kann auch heftigen, anhaltenden Schmerz hervorbringen, der sich in Trauer und Wut niederschlägt und die Hoffnung auf Heimkehr zunichte macht. In dem Gedicht *Lamento für den Süden* des großen sizilianischen Dichters Salvatore Quasimodo, der 1959 mit dem Nobelpreis für Literatur ausgezeichnet wurde, wird dieser Konflikt wie folgt ausgemalt: Hier soll das Bild des Nordens, der flach und farblos ist, gegen die tief in der Erinnerung verwurzelte Vorstellung der schweren, runden, Farben versprühenden Insel ausgetauscht und somit zum Filter des Vergessens werden. Doch die blutgetränkte Geschichte der Insel, ihr Schicksal als ewiges Beutegut der Eroberer, läßt zwar eine Bilderverschiebung zu, kann aber nicht den Schrei nach Gerechtigkeit und Freiheit versiegen lassen. Denn Vergessen würde bedeuten, ohne Liebe und damit ohne Ort zu sein.

Leoluca Orlando war sich schon früh der lähmenden Rückständigkeit der sizilianischen postfeudalen Gesellschaft bewußt. Der »Kontinent« war für ihn der Ort, wo Zukunft, Modernität, das Leben schlechthin zu Hause sind. Seine rebellische Haltung gegen jede Form des Ausgeschlossenseins ist zum festen Bestandteil seines Charakters und ein entscheidender Pfeiler seiner unermüdlichen Kämpfernatur geworden. »Schon von Jugend an empfand ich das ländlich-feudale Lebensmodell als sinnlos. Ich wohnte in einem bequemen Landhaus und träumte von einem Leben in einem Mietshaus (in der Stadt, d.A.). Im Alter von 18 Jahren war ich fest davon überzeugt, daß in der Mietwohnung, im städtischen Lebensmodell die neue Dimension der Zivilisation zu suchen sei.« Das ländliche Lebensmodell führt dazu, »ausgeschlossen zu bleiben vom heutigen Leben, von der heutigen Zeit, sich sklavisch den Ideologien zu unterwerfen, die eigenen politischen Entscheidungen zu delegieren, den Abgrenzungen und Grenzen jeglicher Art, den Clans und den Machtgruppierungen ein übergroßes Gewicht zu verleihen; (es führt dazu,) das Individuum ausschließlich als ausführenden Arm für die Arbeit, die Familie, den Clan, die Partei zu betrachten. (…) Schon 1968 assoziierte ich Mafia mit Landleben.«

Auf den Einwand, daß die Mafia doch mittlerweile ein vorrangig städtisches Phänomen sei, entgegnet Orlando: »Das stimmt, aber die städtische Mafia – die noch blutrünstiger, noch grausamer, noch blindwütiger ist – ist nichts weiter als der Versuch (ohne den typisch feudalen Mythos des Ehrenkodex), das Prinzip des Machtclans, der wiederum für die ländliche Gesellschaftsform typisch ist, in die Stadt zu bringen. In einem gewissen Sinn ist die städtische Gewaltherrschaft der Mafia der monströse und mörderische Rückfall einer historisch gesehen untergegangenen Zivilisation.«

4. Ein Held ohne Waffenschutz kann heutzutage kein Held sein

Leoluca Orlando, »der am besten geschützte Politiker Italiens«, »der oft irgendwo an geheimgehaltenen Orten in militärisch abgeschirmten Kasernen fernab von seiner Familie schläft, der das Leben eines Gefangenen führt«.

Orlandos leibwächtergeschütztes Dasein wird in der Berichterstattung (hauptsächlich in der deutschen) als das herausragende Merkmal, ja als Gütezeichen seiner politischen Aktivitäten in den Vordergrund gestellt. Die Leibwächter werden darin nicht nur als wertvolle Beschützer bei der Durchführung auch der elementarsten Handlungen in der Öffentlichkeit erwähnt, sondern scheinen Bestandteil seiner Persönlichkeit geworden zu sein.

Die Gleichung »großer Mafiafeind – um so größere Schutzmaßnahmen gegen die Mafia« basiert auf einem logischen Kräfteverhältnis; sie entstammt einer dramatischen Realität, die zweifelsohne einen Ausnahmezustand als »Normalität« ansieht.

Orlando allein unter dem Aspekt der öffentlichen Figur zu sehen entspricht seinem ambitiösen Selbstbild. Der Mensch aus Fleisch und Blut verschwindet in einem künstlich geschaffenen Vakuum, und eine zunehmende Isolation gegenüber Mitmenschen, Zeitgenossen und Umwelt schlägt auch in seiner Selbstwahrnehmung Wurzeln. Die Rüstung des einsamen Helden, allein inmitten einer Schar von Menschen, die ihn trotz Begeisterung doch nie völlig verstehen und ihm deshalb auch nie ganz nahe kommen können, ähnelt einem magischen Gewand. Es schützt ihn nicht nur vor Gefahren, sondern auch davor, sich selbst oder sein Tun in Frage zu stellen.

Welcher italienische Politiker, Richter, ja sogar Kleriker hat heutzutage nicht seine »Schutzengel«? Das gehört fast schon zu den Regeln dieses Kriegs, wie die Wahl der Waffen im Duell. Krieg bedeutet hier den alltäglichen Kampf um Einhaltung, Anwendung und Durchsetzung normaler demokratischer Grundrechte. Die Verantwortung dafür wird von der Bevölkerung an Einzelpersonen delegiert.

Nicht jeder akzeptiert die Regeln und den »Schutz« der Waffen. Padre Giuseppe Puglisi zum Beispiel hatte die Leibwache abgelehnt. Am 15. September 1993 wurde er mit einem einzigen Schuß in den Nacken von zwei Motorradkillern der Mafia vor seinem Haus hingerichtet. Er war Pfarrer der Kirche San Gaetano in der Mafiahochburg Brancaccio, einem Stadtviertel Palermos. Dort hatte er ein Sozialzentrum aufgebaut, das rege von begeisterten Kindern und Jugendlichen besucht wurde. Padre Puglisi lehrte sie, daß man der Mafia furchtlos – mit der Furchtlosigkeit der Gerechten – entgegentreten müsse, nicht nur mit Worten, sondern mit Taten. Seine christliche Mission wurde in den Augen der Mafiosi zu einer gefährlichen Gehirnwäsche der Jugendlichen, die somit nicht mehr als Reservoir für Handlanger und zukünftige Killer zur Verfügung standen. Revolutionär waren die Lehren des Pfarrers vor allem deshalb, weil die Jugendlichen bislang in dem tödlichen Klima des Totschweigens, der falsch verstandenen Solidarität, der *Omertà* aufgewachsen waren.

Doch auch die fähigsten und mutigsten Leibwächter bedeuten nicht einmal ein Sandkorn im Getriebe, wenn die Hinrichtung ihres »Schützlings« beschlossene Sache ist. Vor allem dann, wenn diese nicht oder nicht nur von der Mafia beschlossen worden ist. Mordfälle dieser Art werden dann als politische Morde in der Kriminalgeschichte geführt und nur selten aufgeklärt.

So zum Beispiel wenn die Geheimdienste – der Plural steht eigentlich immer für subversiv – im Auftrag ungenannter Dienstherren in den verschiedenen, für den Personenschutz zuständigen Dienststellen ihre Eingeschleusten sitzen haben, die im letzten Moment noch die richtige Information kappen, an den richtigen Mann weitergeben, der dann die richtige Zeit auf der Uhr zur Zündung der Bombe einstellt – wie es bei dem großen Richter und Mafiajäger Giovanni Falcone der Fall war. Er wurde am 23. Mai 1992 zusammen mit seinen vier Leibwächtern und seiner Frau Francesca Morvillo, auch sie Richterin, auf der Autobahn vom Flughafen Capaci nach Palermo mit 1000 kg Sprengstoff in die Luft gejagt. Sein Abflug von Rom war eigentlich auf den Tag zuvor, seinen 53. Geburtstag, festgesetzt gewesen. Nur in einem einzigen Anruf an seine Schwester in Palermo, den er vom italienischen Justizministerium in Rom aus getätigt hatte – wohin er nach seiner aufopfernden Richtertätigkeit in Palermo »strafversetzt« worden war –, hatte er von der Verschiebung seines Zeitplans gesprochen.

Daß die Gefahr vor allem vom politischen Arm der Mafia ausgeht (oder von der Mafia, die als ausführender Arm der Macht agiert), war Falcone genauso klar wie es Leoluca Orlando klar war und ist.

Doch wie gewaltig und übermächtig diese organische Verbindung zwischen offiziellen und inoffiziellen Machthabern auch sein mag, für Orlando steht es außer Frage weiterzumachen. Und sollten ihm doch einmal Zweifel kommen, sind sie rein theoretischer Natur: »Mein Verstand sagt mir, Schluß zu machen mit diesem Wettrennen, mein Herz will davon nichts wissen«, vertraut er mir auf der hektischen Fahrt in seinem gepanzerten Dienstwagen mit zwei Begleitfahrzeugen vor und hinter uns durch Palermo an. Ja, Mut habe er, das bestätigen ihm alle, Freunde und Feinde aus sämtlichen Lagern. Mut, das heißt, bei ihm in erster Linie, keine Angst vor Tabus: laut auszusprechen, was viele denken, aber keiner sagt. Mut heißt, Krach zu schlagen, sich unbeliebt zu machen, sich »diktatorisch« aufzuspielen – alles um der guten Sache willen.

Auch für Giovanni Falcone stand seine Arbeit außer Zweifel, gerade weil er wußte, daß er, einer der wenigen pflichtbewußten und ehrlichen Richter, den bitteren Kelch bis zur Neige trinken mußte. Er war der Richter, der *zuviel* wußte. Selbst die Mafiakronzeugen, allen voran Tommaso Buscetta, hatten ein gewisses Mitgefühl für ihn: Sie wußten, daß er mit jedem Namen, den sie ihm in den endlosen Verhören preisgaben, dem Abgrund einen Schritt näherrückte. Doch seine Ehre, seine Menschenwürde konnte er gegen das schmutzige Spiel der Politik nur dadurch retten, daß er Furchtlosigkeit vor dem Tod zeigte. »Ich bin Sizilianer. Ein Sizilianer hat keine Angst vor dem Tod«, war sein Credo. Sein Wissen war echtes, wirkliches Wissen, denn ihm entsprangen Handlungen. Er war sich der sittlichen Verantwortung des Wissens nicht nur als philosophischer Kategorie bewußt. Sein Kopf war mit der gleichen Leidenschaft infiziert wie sein Herz.

Als ich vom Auto aus auf der gegenüberliegenden Straßenseite den berühmten Falcone-Baum vor dem Mietshaus in der Via Notarbartolo, wo Falcone mit seiner Frau gewohnt hat, fotografieren will – eine große Magnolie mit zahlreichen völlig verblaßten, halb abgerissenen Zetteln mit Botschaften und Zeichnungen für Falcone – winkt der wachhabende Soldat mich schnell weiter … als könnte meine Aufnahme irgendwelche hochkarätigen Geheimnisse auf Zelluloid bannen, die Falcone mit ins Grab genommen hat.

Orlandos Furchtlosigkeit vor dem Tod entspringt einem komplexeren psychologischen Mechanismus. Von Geburt an war er ein Risikokind. Genauso wie der erstgeborene Sohn der Familie Orlando-Cammarata – zusammen waren sie acht Kinder – erkrankte auch er in den ersten Lebensmonaten an einer starken Lungenentzündung. Der Bruder starb. Für Leoluca neigte sich die Waage des Schicksals zum Leben hin. Er war 1947 unter den ersten Kindern in Sizilien, die mit Antibiotika geheilt wurden. Doch blieb er fürderhin ein zartes Pflänzchen, ein Sorgenkind. Diese Fragilität nahm er sich als Jugendlicher so zu Herzen, daß er überzeugt war, nicht älter als vierzig zu werden. An seinem vierzigsten Geburtstag rief ihn dann ein Freund an: »Gratuliere, Luca, dieses Mal hast du es noch geschafft!«

Hat er diese Angst, die es auszutreiben gilt, die er vor sich her trägt wie ein zweites Ego, in einem geschickten Schachzug zur Besorgnis der anderen um ihn verwandelt? Zu einem besorgten Interesse, wie es eben das Leben und die Karriere eines Spitzenpolitikers hervorrufen?

Die Betonung seiner »gepanzerten Lebensform« gerade in der deutschen Berichterstattung hat die »Besorgnis« um ihn in Deutschland zweifelsohne gestärkt und damit wesentlich sein Charisma bestimmt. Sicherlich ist Leoluca Orlando heute der beliebteste italienische Politiker in Deutschland. In dem Filmbeitrag von Wolf Gaudlitz »Gezählte Tage« wird Orlando dann auch zum »Hoffnungsträger« stilisiert.

Hoffnungsträger ist er zweifelsohne auch und gerade für seine sizilianischen Mitbürger, für solche, die erwacht sind, die sich endlich wieder als freie Bürger fühlen wollen.

»Anders als bei meinem ersten Mandat als Bürgermeister spüre ich heute die Stadt neben mir, wir kämpfen Seite an Seite; nicht mehr so wie vor Jahren, als ich voranpreschen und die Stadt mühsam hinter mir herziehen mußte. Deshalb kann ich mein Engagement heute mit größerer Ruhe und Gelassenheit angehen.« Der sorgenvolle Unterton seiner Worte ist nicht zu überhören. Zu gut ist er sich bewußt, wie schwer die Hoffnungen anderer auf ihm lasten. Er weiß, wie schnell Hoffnungen in dringende Forderungen umschlagen. Er weiß, wie ungeduldig die Masse, die Stadt, das Volk ist. Und – bei den italienischen Parlamentswahlen im März 1994 wurde ihm die Rechnung präsentiert. Der Wunder verheißende Industrielle Silvio Berlusconi und seine frisch aus der Taufe gehobene Partei *Forza Italia* aus dem Norden konnten gerade in Palermo haushoch gewinnen. Das Charisma ist ein gefährliches Tier. Doch Orlando ist absolut nicht gewillt, den außerordentlichen Konsens, den er bei den

Kommunalwahlen im November 1993 auf sich vereinen konnte, gegen das schlechte Wahlergebnis für die RETE im März 1994 aufzurechnen. Dieser Konsens »ist so etwas Ähnliches wie der Höcker eines Dromedars: Man braucht ihn, um die Wüste zu durchqueren. Erst am Ende der Durchquerung, das heißt erst 1997, werde ich sagen können, ob ich gewonnen habe oder nicht. Diese Stadt zu regieren bedeutet, die Leute von der Logik des Klientelismus, des ›jetzt und alles‹ wegzubringen, welche letztendlich nur heilbringerische Erwartungen auslöst.«

»Hoffnungsträger« – eine deutsche Wortschöpfung, Orlando war davon sehr angetan, als ich in meinem Gespräch mit ihm darauf Bezug nahm. Es drängt sich der Eindruck auf, als entspränge dieser Begriff einem gewissen, noch mit der Romantik verhafteten deutschen Wunschdenken, nach dem Leoluca Orlando aufgrund nicht anzuzweifelnder Führungsqualitäten in deutschen Augen als *der Held* gilt, der Italien retten, von Mafia und Mafiakultur im weitesten Sinne befreien soll.

Orlando selbst betont immer wieder, daß die Hoffnungen, die auf den »Planeten Palermo« gerichtet sind, auch die Hoffnungen des italienischen Festlands und des restlichen Europa sind. Doch sie können sich nur erfüllen, wenn sich alle einzelnen Bürger, Machthaber und Institutionen darüber bewußt werden, daß Mafia und andere Formen von Unterdrückung nur gemeinsam, gleichzeitig und Hand in Hand zu bekämpfen sind. Nur dann kann berechtigterweise von Hoffnung die Rede sein. Gemeinsame Verantwortung und Engagement sind keine zu delegierenden Werte. »Der Tod der Demokratie ist das Übermaß an (delegierter) Verantwortung«.

Orlando kann mit einer kohärenten Politik Vorbild sein, die anderen mitreißen, die Kriegstrommeln rühren. Er kann der Menge in den waghalsigsten Situationen ein Gefühl von Sicherheit vermitteln, auch wenn er selbst diese Sicherheit möglicherweise gar nicht hat. Schon seine Präsenz wirkt dann beschwörend.

Orlando, Mensch und Politiker, ist nur vor sizilianischem Hintergrund adäquat einzuschätzen. Nur dort ist das eiskalte Pathos seiner schwer faßbaren Persönlichkeit zu begreifen. »Der Ätna ist das Herz Siziliens, eiskalt wie der Schnee und heiß wie die glühende Lava, schwarz wie das erkaltete Lavagestein und weiß und rein wie frisch gefallener Schnee.« (Gaudlitz, *Gezählte Tage*). Aber Sizilien ist auch »die scheinbare Ruhe des Vulkans, in dessen Innern eine Flamme brennt, die seine Eingeweide auffrißt. Wenn die Spannung sich entlädt, dann lodert ein Feuer empor, das gleichzeitig Zerstörung und Lebenslust, Sehnsucht nach Reinheit und Wahnsinn, Illusion und Posse, Spott und Hoffnung ist. Dieses sizilianische Magma ist durchdrungen von ironischer Distanznahme.« (Scalia, *Il vulcano*, Klappentext)

Auch wenn der Ätna die Stadt Catania überragt und dominiert, ist es doch Palermo, das wie keine andere Stadt diese vulkanische Explosivität in sich trägt. Palermo ist in jeder Hinsicht einzigartig.

Palermo gehört zwar, Pina Bausch und ihrem Tanztheaterstück *Palermo – Palermo* zufolge, zu den Großstädten der Gewalt, der Verkommenheit, des Sumpfs. Ist Kalkutta, ist New York, ist auch Berlin. Aber Palermo ist mit all seiner Gewalttätigkeit und in seiner unwiderstehlichen und unbeschreiblichen Widersprüchlichkeit auch wieder etwas ganz Besonderes.

»Sizilien ist nicht irgendeine Region, sondern die Region, in der Dinge geschehen, die anderswo unvorstellbar wären: allein in Palermo wurden in den Jahren 1982-83 fünfhundert Menschen ermordet oder verschwanden spurlos; und hier wurden innerhalb weniger Jahre der Polizeipräfekt, der Oberstaatsanwalt, der Präsident der Regionalverwaltung, der Parteisekretär der kommunistischen Partei auf Regionalebene, der Untersuchungsrichter, Journalisten, Unternehmer, Politiker, Polizisten, Kinder, Männer und Frauen ermordet, ohne daß etwas Konkretes geschehen wäre, um diesem Abschlachten Einhalt zu gebieten. Denkt einmal, welchen Aufstand es in Mailand gegeben hätte, wären diese Dinge dort geschehen.« (AA.VV., *Sulla pelle*, S. 28)

Eine Stadt, die die Spuren ihrer Besatzer aus dem Morgen- und Abendland wirklich noch lebendig in sich hat, die sich von allen etwas zu eigen gemacht hat. Eine Stadt, in der heute noch die Spuren des Zweiten Weltkriegs in zerbombten Häusern präsent sind.

Der bislang schrecklichste Besatzer Siziliens ist die Mafia, denn sie ist auf der Insel entstanden. Besatzer und Unterworfene sind in derselben Stadt, im selben Stadtviertel und oft in derselben Familie herangewachsen.

An den Straßenkreuzungen in Palermo hängen weißlackierte Metalltafeln an grünen Pfosten, auf denen in blaßblauer Schrift folgendes zu lesen ist: »Wir werden wieder rechtmäßigen Besitz von unserer Stadt nehmen. Das ist nicht nur unser Recht, sondern unsere Pflicht.«

Dieser Aufruf ist Zeugnis des außerordentlichen Bürgersinns in Palermo, der spätestens nach der Ermordung Falcones unter der Bevölkerung festen Fuß gefaßt hat. Vereinigungen wie »Frauen gegen die Mafia«, das »Leintücher-Komitee«, »Palermo – Jahr eins« und andere Organisationen und Initiativen sind lebendiges Zeugnis einer bürgerkriegsähnlichen Situation.

Für diesen Kampf ist die kulturelle Öffnung Siziliens, das Niederreißen der Mauern, die Sizilien, die Palermo bislang vom *continente*, vom italienischen Festland und vom Rest Europas trennen, unabdingbar. Doch dafür braucht es keine Helden. Ein solcher Kampf ist und muß Sache aller sein.

»Gewiß ist es nicht ganz richtig zu behaupten, daß Sizilien nicht in der Lage sei, Gemeingeist hervorzubringen; dazu braucht man sich nur die Liste der Männer und Funktionäre anzusehen, die dem Staatswesen gedient haben und sich dabei voll bewußt waren, daß sie ihr Leben aufs Spiel setzten. Aber auch das ist übertrieben. Und die Gesellschaft, die so viel von ihren Staatsdienern verlangen darf und muß, ist keine wirkliche. Für uns war es schon zuviel, Männer wie Falcone und Borsellino unter uns gehabt zu haben, und eigentlich wäre es besser gewesen, mittelmäßigere Funktionäre zu haben, die persönlich nicht exponiert gewesen wären, und nur einen Justizapparat zusammen mit den staatlichen Kontrollorganen der Justiz, die zusammengenommen effizienter und gründlicher und vom Sinn ihrer Aufgaben beseelt gewesen wären.

Warum hat all das, was sich als ordnungsgemäße Verhaltensweise hätte festsetzen sollen, statt dessen Figuren hervorgebracht, die im Guten wie im Schlechten übertrieben waren? Im Grunde ist das Sciascias These in seiner mißverstandenen (und vielleicht von ihm auch mißlich ausgedrückten [...]) Polemik gegen die Antimafia-Profis: Wir brauchen keine Helden im Kampf gegen die Mafia, die sich dann die auf dem Schlachtfeld errungene Medaille blankpolieren (oder auf dem Schlachtfeld ihr Leben lassen, wie es in den meisten Fällen geschieht), sondern es geht nur darum, abstrakte Werte wie Gerechtigkeit und Gesetzmäßigkeit, die sich jeglicher Personalisierung entziehen, in die richtigen Gleise zu bringen.« (Balistreri, *Falcone*, S. 48)

Es ist schlichtweg verführerisch, sich auf Figuren wie Orlando zu stürzen, die Gefühl in die Politik gebracht haben und ihr Faible für Deutschland offen bekunden,. sich Hamburg und Heidelberg so verbunden fühlen wie Palermo oder Pisa. Doch besteht dabei die Gefahr, ins Filmische abzugleiten: »Der gute Held, der wie Zorro oder Tex Willer die allseits verbreitete Korruption, zynische Verhaltensweisen und Unehrlichkeit vom Tisch fegen will. Ein Looser-Held, der gegen die Übermacht der ›Bösen‹ angeht; ein Held, der mit seiner Flucht nach vorn in diesem Krieg ohne Grenzen immer exponierter dasteht.« (Gullo/Naselli, *Il Paladino,* Vorwort)

Orlando wird als der gute Held beschrieben, der mit geballter moralischer Entrüstung einen historischen Moment zu nutzen wußte und alle mitriß, die auf politischer, moralischer und kultureller Ebene radikal mit den sizilianischen Traditionen gebrochen hatten. Mit Traditionen, die den Machenschaften der römischen Machthaber und ihrer sizilianischen Statthalter entgegenkamen.

Leoluca Orlando Cascio (so lautet sein vollständiger Name) kann auch doppelsinnig sein. So hat er sich selbst wiederum dieses hochgezüchteten Images bedient. Nicht selten war ich auf meiner Suche nach dem Menschen Orlando mutlos oder wütend und mußte mir zwangsläufig die Frage stellen: Werde ich Orlando tatsächlich unter all den aufgebauten, aufgeklebten Schichten des Helden, des Politikers, der Symbolfigur entdecken? Warum nur macht er ein solches Geheimnis aus seinem Elternhaus, seiner Familie? Warum will er wie der Phoenix aus der Asche erscheinen, allein, einzig, einzigartig? Seine Ambiguität erwächst in erster Linie aus seinem Verhältnis zu Glaube und Politik, zu kirchlicher und politischer Macht, das auch nach seinem Austritt aus der *Democrazia Cristiana* 1990 unverändert geblieben ist. Fast wie im Reflex legen sich seine Hände in Bethaltung aneinander, sobald ein Priester oder Kardinal in seiner Nähe ist.

Die christdemokratische Partei, die fünfzig Jahre lang in Italien Regierungspartei war und sich als einziger irdischer »Mittelsweg« zu Gott verstand – oder anders gesagt, der Ablaßpfuhl für die unchristlichsten Schandtaten vieler ihrer Mitglieder war –, hat nun durch die jahrzehntelange Verhöhnung sämtlicher demokratischer Prinzipien einer neuen (»modernen«) faschistischen Ära in Italien den Weg geebnet.

Im Jahre 1990 erkannte Orlando endlich die Zeichen der Zeit und mußte einsehen, daß diese sich christlich nennende Partei von innen heraus nicht zu erneuern, zu demokratisieren war. Als er – damals noch Christdemokrat – 1990 bei den Kommunalwahlen in Palermo mit 71.000 Stimmen zum Bürgermeister gewählt wurde, sich aber weigerte, ein Stadtparlament mit christdemokratischer Mehrheit zu bilden, nutzte er seinen beachtlichen Stimmenvorsprung und gründete am 21. März 1991 zusammen mit Alfredo Galasso, Carmine Mancuso, Nando Dalla Chiesa und anderen die RETE (Netz), den parteimäßigen Zusammenschluß »Bewegung für die Demokratie«. »Doch es gibt ein *Netz* schon vor der RETE. Das echte *Netz*, das, was die Bewegung ins Leben gerufen hat, ist mit vielen unterschiedlichen Menschen in allen Städten unseres Landes entstanden, wo unzählige Erfahrungen sich um die Hoffnung, um die Erkenntnis geschart haben, daß es *so* nicht mehr weitergehen kann, daß die Dinge geändert werden müssen, daß es notwendig ist, endlich wieder zwischen Gut und Böse, zwischen Leben und Tod zu unterscheiden. Dieses Bedürfnis nach Veränderung, nach Überwindung der Parteizugehörigkeit und anderen Zugehörigkeiten hat die Gestalt eines formalen Aktes, eines Status, einer Bewegung angenommen.«

5.   Der bedrohte Orlando

Meine erste Begegnung mit Leoluca Orlando, zu jener Zeit »nur« Abgeordneter der RETE im italienischen Parlament in Rom, RETE-Koordinator und Universitätsprofessor für Verwaltungsrecht an der Universität Palermo, stellte ich mir so vor:

Auf einer seiner zahlreichen Fahrten quer durch Italien, von einer Parteiversammlung oder internationalen Konferenz zurück zu seinen politischen Verpflichtungen in Rom, wird ein schweres Auto mit dunklen Panzerglasfenstern an einem im letzten Moment bekanntgegebenen Ort Halt machen. Mit einem Gefühl der Beklemmung werde ich mich ihm nähern, in den unsichtbaren Bannkreis treten. Die Leibwächter des Begleitfahrzeugs werden mit der MP im Anschlag herausspringen, sich gründlichst umschauen und sich dann ebenso gründlich meiner Identität versichern. Danach erst werde ich mich durch die knapp geöffnete Wagentür zwängen, und das dunkle Innere wird mich verschlucken. Staub wird unter den quietschenden Reifen aufwirbeln, ja keine Spuren für seine allseits wachsamen »Jäger« und deren Handlanger hinterlassen!

Schließlich hatte ich eine lange Liste von Zeitungsnotizen gesammelt, in denen detailliert von Orlandos gepanzertem Leben und seinen verschiedenen potentiellen Mördern die Rede war.

In seiner ersten Bürgermeisterzeit erhielt er explizite Morddrohungen per Telefon. Im Sommer des Jahres 1988 hatte sich Orlando für den Leiter der Mordkommission in Palermo eingesetzt, der mit der Begründung, daß auch er Todesdrohungen erhalten habe, in ein völlig untergeordnetes Amt nach Reggio Calabria »strafversetzt« worden war. Die anonymen Drohungen, die der Polizeikommissar erhalten hatte, stammten – so stand es in den Zeitungen – direkt aus einer der Amtsstuben des palermischen Polizeipräsidiums. Orlando hatte sich mit der dringenden Bitte an den Präfekten Parisi, den obersten Chef der Polizei, gewandt, festzustellen, welcher Polizist, Unterleutnant oder Polizeichef diese Drohungen ausgesprochen hatte. Eine Antwort erhielt Orlando nie.

Statt dessen richteten sich die Morddrohungen per Telefon nun gegen ihn. Die politische Dimension dieses Falls war eindeutig. Orlando selbst stellte in einem Zeitungsartikel fest: »Darüber braucht man sich nicht zu wundern. Denn selbst Innenminister Gava hat sich dazu nicht geäußert. Und ebenso stumm ist der Justizminister Vasalli geblieben. Das Schweigen von Leuten ihres Kalibers ist gravierend und äußerst besorgniserregend. Denn es sind die gleichen Leute, die sich mit öffentlichen Erklärungen und Stellungnahmen überstürzen, sobald jemand ermordet worden ist. Doch es wäre wünschenswert, wenn sie einmal ihren Mund aufmachten, bevor ein Mord geschieht.«

Orlando berichtete in diesem Artikel noch von anderen Todesdrohungen. Bedroht wurde er zum Beispiel, als er in seiner Funktion als Bürgermeister im Namen der palermischen Stadtverwaltung beim sogenannten Maxiprozeß 1986 gegen rund 500 Mafiosi als Nebenkläger auftrat. Er hatte gerade den Richtern gegenüber erklärt, warum er sein Eingreifen in diesen Prozeß für unabdingbar hielt, als einer der maßgebenden Mafiosi das anschließende Schweigen brach, indem er aus seiner Prozeßzelle heraus ganz langsam begann, skandierend in die Hände zu klatschen und dabei »Bravo« zu rufen. »Mir gefror vor Angst das Blut in den Adern«, gestand Orlando.

»Ein anderes Mal hatte ich die gleiche Reaktion. Es ging um die Aufstellung der Wahlkandidaten. Die DC hatte 41 Gemeinderatsmitglieder, deren Mandat abgelaufen war. Von ihnen schlug ich nur 12 für eine Wiederwahl vor. Manche von ihnen protestierten, andere vergossen Tränen. Einer jedoch nahm mich beiseite und flüsterte mir zu: »Wie viele Töchter hast du eigentlich?« Das sind indirekte, aber eindeutige Verhaltensweisen; sie sind fast so etwas wie Warnschüsse.«

Dann das aufsehenerregende, vereitelte Attentat auf Orlando im Januar 1993, als er sich für die Sendung »Menschen '92« des ZDF in Berlin aufhielt. »Die Polizei konnte einen Anruf, der an einen Attentäter gerichtet war, abfangen. Ich mußte sofort das Hotel wechseln. Nur der Erfahrung und der Klasse meiner Bewacher ist es zu verdanken, daß ich in Berlin nicht Opfer eines Attentats wurde«, erzählte Orlando einige Wochen später in einem Interview mit der *Berliner Morgenpost*.

Der mit der Justiz zusammenarbeitende Pentito Rosario Spatola gibt in einem Interview in der Wochenzeitschrift *L'Europeo* vom 7. August 1992 auf die Frage: »Wer sind derzeit in Sizilien die Männer, die in Gefahr sind?« folgende beunruhigende Antwort: »Der am meisten gefährdete Politiker ist Leoluca Orlando. Und wissen Sie, warum? Nicht wegen dem, was er gegen die Mafia sagt, sondern weil Orlando in Sizilien hunderttausend Wählerstimmen blockiert, von denen Cosa Nostra nicht mehr nach Belieben Gebrauch machen kann. Und wenn er die Direktwahlen für das Bürgermeisteramt gewinnen sollte, wer würde nach ihm dann noch in Palermo Bürgermeister sein wollen?«

Das sind nur einige der eklatanten Gefahrensituationen, die für Orlando schon zu einer Normalität geworden sind, in der er sich eingerichtet hat. Umgeben von jeweils sechs seiner insgesamt über vierzig »Schutzengel«, wie er sie nennt, hat er sich eine Realität geschaffen, die jedoch nichts »Normales« aufweist. Im Negativen kommt sie dem gefährlich nahe, was Orlando in den letzten Wahlkämpfen als wegweisenden Slogan ausgegeben hat: »Gegen die Normalisierung des Notstandes, für die Normalität« oder »Ein normales Leben in einer normalen Stadt in einem normalen Land mit einer normalen Regierung«.

Gewiß steht der Ausnahmezustand, in dem Orlando lebt und mit dem er sich arrangiert hat, im Zusammenhang mit den gesellschaftlichen und politischen Zuständen Italiens. »Italien ist kein normales Land, das wißt ihr ja«, meinte Orlando im Dezember in einer deutschen Fernsehsendung.

Aber diese Situation ist *auch* ein Mittel zum Zweck der Schaffung einer Heldenfigur, die ihr Heldentum aus der ständig von den Medien angesagten Todesgefahr bezieht. Der Gipfel von Eitelkeit wäre zu behaupten, daß dem, der zum Helden gemacht worden ist, diese Rolle nicht gefiele. Doch ist die Gefahr für den Helden groß, die ständige Bedrohung seines Lebens als eigentliche Daseinsform zu akzeptieren, da er ohne sie seinen Symbolcharakter verlieren könnte.

Die Gesellschaft auf der anderen Seite läuft Gefahr, schließlich die Ausnahmesituation als' solche nicht mehr zu hinterfragen und deshalb die Normalisierung der ursächlichen Mißstände einzuläuten.

Doch Orlando gehört zu den Männern, die alles tun, um dieses Szenario nie Wirklichkeit werden zu lassen. Er rührt die Trommeln laut und deutlich: Revolution durch Anwendung der bestehenden Gesetze. Bis dahin muß der Politiker in der ersten Reihe noch die gefährliche Rüstung des Helden tragen, der nur durch sein Charisma geschützt ist: »Es würde sich für die Mafia nicht lohnen, dich umzubringen, dazu bist du zu sehr Symbolfigur geworden: Die Reaktion von seiten der Gesellschaft wäre heftig, der Staat wäre deshalb gezwungen, mit außerordentlicher Härte einzugreifen. (...) Dein Nachfolger könnte es sich nicht leisten, der Mafia Zugeständnisse zu machen (...)« (Perriera, *Intervista*, S. 46-47)

6.   Öffentlichkeitsarbeit in der Hauptstadt

In Wirklichkeit verlief meine erste Begegnung mit Leoluca Orlando Ende Oktober 1993 in Rom ganz anders, als ich sie mir in meiner lebhaften Vorstellung ausgemalt hatte.

Der Wahlkampf für das Bürgermeisteramt lief in verschiedenen größeren Städten wie Rom, Neapel, Venedig, Genua und nicht zuletzt Palermo schon auf vollen Touren. Zum ersten Mal sollte in Italien der Bürgermeister in direkter Wahl ermittelt werden. Trotz Sonnenschein und Lust auf die Stadt hatte ich es eilig. Am Bahnhofsausgang stieg ich in einen Uralt-Fiat ohne Sicherheitsgurte, aber mit Rauchverbot und rotem Amulett gegen den bösen Blick am Rückspiegel. Ich genoß es, in Rom zu sein und beschloß im stillen, auch der folgenden »Stadtrundfahrt« nur das Beste abzugewinnen. Nach vielen Kurven und engen Seitenstraßen, vorbei an den touristisch wichtigsten Plätzen, hielt der Wagen dann endlich vor dem Gebäude des RETE-Sitzes.

Der Himmel strahlte in einem Hochdruckblau, das nur noch von dem Maler Giotto hätte übertroffen werden können. Die riesigen Ahornbäume am Tiber, der keinerlei Spuren einer Überschwemmung zeigte – das Fernsehen hatte in der Woche zuvor Bilder einer meterhoch unter Wasser stehenden, von Schlammfluten lahmgelegten Stadt gezeigt – hatten sich in ihr schönstes Sommerschlußgewand geworfen.

Das Eingangsportal zum Sitz der RETE-Partei, wo *er* wahrscheinlich, bestimmt aber sein Public-Relations-Manager und die gesamte Crew anwesend sein würden, stand sperrangelweit offen. Ich klingelte und nannte an der Gegensprechanlage meinen Namen. Keiner kannte mich bislang persönlich, nur mein Name, meine Fax- und Telefonnummer waren bekannt. Ich stieg in den ersten Stock hoch, schwitzend, weil die morgendliche Kühle längst einer sonnigen Mittagswärme gewichen war. Die Tür zu einer ehemals großbürgerlichen Wohnung wurde geöffnet. »Ja, kommen Sie nur herein«, ein Lächeln und der Pressechef, der meiner Schätzung nach maximal 25 Jahre alt war, führte mich hastig in sein Büro, dessen Türe offenstand. Ich hätte in meiner Aktentasche alles mögliche hineinschmuggeln können. Ich hätte auch jemand ganz anderes sein können. Ich hätte vor allem ganz andere Absichten haben können.

Eine breithüftige, ebenfalls noch junge Frau, die wie die treue Seele, das Mädchen für alles wirkte, zog zum Gruß nur den rechten Lippenwinkel hoch. Über ihrem Schreibtisch die übliche Rauchverbots-Karikatur, ein Polaroid-Gruppenfoto im Park, ein Zettel in großer Computerschrift – Glückwünsche zu Silvias Geburtstag. Sie ging heftig schnaufend mit Papieren und Ordnern ein und aus.

Das Telefon klingelte, schon für mich, ich war etwas verwirrt. Es war mein römischer Freund Nicola.

Ich hatte noch den Hörer in der Hand und ein »Ciao« auf den Lippen, als Leoluca Orlando einen halben Meter vor mir stand, mir geradewegs in die Augen schaute, den Anflug eines undefinierbaren Lächelns auf den Lippen, und gleich wieder von unaufhörlich redenden Herren in dezenten Anzügen weitergeschoben wurde. Der Pressechef Andrea (die italienische Form des Vornamens Andreas) widmete mir dreieinhalb Minuten, in denen aber mindestens sechsmal das Telefon für ihn klingelte. Er bedauerte, keine Zeit für mich zu haben, aber in einer halben Stunde würde hier in den Räumen eine Pressekonferenz nur für italienische Journalisten stattfinden, an der ich nicht teilnehmen dürfe; für uns Ausländer war eine solche für den Nachmittag angesagt. Andrea brachte mir Unterlagen über die RETE und schnitt dann mit einem großen Messer einen Karton mit den Exemplaren des neuesten Buchs über Orlando auf.

Ein RETE-Abgeordneter kam strahlend auf mich zu, es war Gaspare Nuccio. Er hatte zu den Gründungsmitgliedern der links von der ehemaligen Kommunistischen Partei Italiens angesiedelten Partei *Democrazia proletaria* in Sizilien gehört. Aus dieser Zeit hatte er sich seine wollige Haartracht und den Vollbart bewahrt, der sein blasses Gesicht umrahmte. Insgesamt machte er eher einen zerbrechlichen Eindruck. Er war der einzige in dem ganzen Laden, der mich duzte. Gerne hätte ich ihn nach so manchem ausgefragt, doch auch er mußte in der Nähe des Meisters bleiben.

Andrea kaute verstohlen an seinen Fingernägeln. Ja, die RETE habe sich bislang aus öffentlichen Mitteln finanziert. Wie das im kommenden Jahr sein würde, wüßten sie noch nicht. Man war unangenehm berührt von dieser Frage, das Gemurmel im Zimmer wurde noch verhaltener. Ich ließ mich nicht einschüchtern.

Ich kam auf das Buch *I rododendri del Sussex* aus der Feder Eleonora Cammaratas, Orlandos Mutter, zu sprechen. Es ist ein Roman über eine Frau, die aus dem Familienalltag ausbricht und ein abenteuerliches Globetrotterleben beginnt. »Ein schreckliches Buch«, meinte Andrea.

Thema Familie: Da waren wir, wo ich hinwollte. Orlandos Frau und Töchter, sein Zuhause kennenzulernen, das würde sicherlich ein aussichtsloses Unternehmen werden, denn »sie« wären dagegen, meinte Andrea. Ich kam mir vor, als hätte ich ihm einen unsittlichen Antrag gemacht.

Gab es sie also doch, die sagenumwobenen Sicherheitsvorkehrungen? Oder gehörten solche Barrieren einfach zum Image einer öffentlichen Figur wie Orlando?

Andreas Augenzucken, das mir zuvor kaum aufgefallen war, stellte sich jetzt immer häufiger ein, bis er sich von mir verabschiedete und mich mit einem Stapel Fotokopien an seinem Schreibtisch zurückließ. Türen klapperten, Mikrofone wurden ausprobiert, ein Schwall grau gekleideter Herren ergoß sich in den Saal der Pressekonferenz. Zwei junge Frauen in ganz kurzen Miniröcken, mächtig gestylt, mit viel Schminke im Gesicht und noch mehr Gel in den Haaren, küßten links und rechts die im Zimmer zurückgebliebenen Parteimitglieder und wechselten in halben Sätzen von der Erzählung über eine heiße Geburtstagsparty am Vorabend über zu technischen Schwierigkeiten beim Abtippen der Orlando-Rede. Ein Anruf, alles sei in Ordnung, der Computer hätte zum Schluß doch noch alles »ausgespuckt«, ein Aufatmen, auch Silvia ließ sich schnaufend auf ihrem Stuhl nieder.

Mein römischer Freund begleitete mich zum Sitz der ausländischen Presse. Wir machten in einer Bar halt, wo es stark nach warmgehaltenen Saucen und verbrutzeltem Fleisch roch. Kellner und Barmann spekulierten über das immer spürbarer werdende Ausbleiben der Kunden für den Mittagstisch, die Krise. Wir gingen die schmale Straße zum Pressesitz hinunter. Eine Pferdekutsche voll mit Touristen fuhr vorbei, und der prächtige Gaul ließ in geringer Entfernung von uns eine ebenso prächtige Ansammlung von Pferdeäpfeln fallen und zog dann ohne Unterbrechung stur, die Augen von den farbigen, federverzierten Scheuklappen verdeckt, weiter seines Wegs. Der Kutscher sagte etwas in einer Mischung aus Englisch, Sizilianisch und Französisch mit römischem Tonfall zu dem kindlich dreinschauenden Paar hinter sich auf dem mit lila Kunstleder verkleideten Sitz. »Na, Pferdemist bringt Glück!« meinte Nicola.

Ich schaute mir etwas nervös den Eingang zum Sitz der ausländischen Presse an, überlegte kurz, wo mein Personalausweis steckte, denn zumindest hier würde mich ja wohl jemand kontrollieren. Der Treppenaufgang war völlig frei und unbewacht. Zwei französische Presseleute mit großen Kameras und sonstigen Instrumenten gingen an mir vorbei. Ich folgte ihnen. Gleich hinter mir tauchte ein italienischer Kameramann von *Canale 5* auf und beäugte mich aus dem Augenwinkel, während wir alle seelenruhig die Treppe hochstiegen. Ich gelangte in einen Vorraum mit einer Bar. Der Barmann hinter dem gepolsterten Tresen schaute desinteressiert zu mir herüber. Die französischsprechenden Männer hatten schon den Aufbau der Filmkameras in Angriff genommen. Nur wenige Leute befanden sich in dem nicht allzu großen Raum, redeten, rauchten, versanken in riesigen Sesseln. Einige hatten sich schon auf den Stühlen, die vor der sehr nüchtern gehaltenen Rednerbühne aufgereiht waren, niedergelassen. Ich suchte mir einen günstigen Platz, zog meinen Mantel aus und schaute mich ständig um, völlig ungläubig das Geschehen betrachtend. Vor mir wurde eilig am Rednerpult das Plakat mit dem Wahlslogan »Palermo befreit Palermo« angebracht, auf dem zwei stilisierte Hände dargestellt waren, die ineinander lagen. Hätte der Stil der grafischen Gestaltung nicht an den Bereich »Verkehrserziehung für Grundschulkinder« erinnert, hätte sich mit dieser Geste durchaus auch die Assoziation »eine Hand wäscht die andere« verbinden können.

Es waren höchstens fünf Minuten seit meinem Eintreffen vergangen, als Orlando mit einem Schwarm von Männern, dem Pressechef und den kaugummikauenden Bodyguards durch die Tür in den Vorraum trat. Die Atmosphäre wurde nun ein wenig bewegter, doch blieb alles immer noch sehr ruhig, lau, träge. Der Kameramann von *Canale 5* hatte sich genau neben meiner Stuhlreihe aufgebaut. In der unwirklichen Situation – unwirklich nur aufgrund meiner so ganz anderen Erwartungen – waren seine Blicke fast schon ein tröstliches Element aus einer vertrauten Realität.

Orlando hatte sich auf einen Barhocker gequetscht, trank Limonade und besprach sich mit einem dunkel gekleideten, mir unbekannten Herrn. Ich schaute unentwegt hin, fast schon voyeurhaft, gemessen daran, daß die anderen Journalisten und Fernsehleute alle mit sich selbst beschäftigt waren. Mein Blick kreuzte den eines mittelgroßen, stämmigen Leibwächters, der aber auch nicht der Identifizierung meiner Person galt, die sich in allernächster Nähe zum bestbewachten Politiker Italiens aufhielt. Dieser Blick galt meiner weiblichen Seite.

Silvia vom RETE-Sitz verteilte unter den Anwesenden verschiedenes Informations- und Propagandamaterial der RETE, darunter auch die Fotokopie eines Artikels aus der liberalen italienischen Tageszeitung *La Repubblica*, der ein interessantes Interview mit Orlando wiedergab. Es ging um die neuesten Enthüllungen über die skandalösen Methoden der Staatsanwaltschaft Palermos. Der Titel: »ORLANDO: UND MAN NANNTE MICH EINEN PARANOIKER«. »Man« waren Politiker und Richter, die im Mai 1990 auf einen aufsehenerregenden Appell Orlandos reagiert hatten, den dieser in einer vielbeachteten Sendung der öffentlichen Fernsehanstalt RAI lanciert hatte. Orlando hatte behauptet, daß »die Wahrheit über die politischen Verbrechen in Sizilien in den Schubladen des palermischen Justizpalastes« versteckt sei. »Jetzt muß alles auffliegen. Das kann der Anfang der Befreiung sein.« Seine Anklagen hatten sich damals hauptsächlich auf eine Eingabe des integren und deshalb isolierten Inspektors der Regionalverwaltung Siziliens, Giovanni Bonsignore, bei der Staatsanwaltschaft in Palermo gestützt. (Der erste Teil dieser Dokumentation war im Dezember 1989 abgegeben worden.) Diese Schrift enthielt detaillierte Angaben über die Verflechtungen zwischen organisierter Kriminalität und Korruption im palermischen Justizwesen. Orlando wußte, daß diese Anzeige schon seit über einem halben Jahr in den »Gefrierfächern« einiger Oberstaatsanwälte im *Palazzo dei Veleni* (»Giftpalast«, das Justizgebäude von Palermo) lagerte. Giovanni Bonsignore wurde im Mai 1990, genau vor Ausbruch des »Sturms«, ermordet. »Außerdem« – so Orlando – »habe ich persönlich in den vergangenen zwei, drei Jahren den palermischen Staatsanwälten, die mit der Untersuchung der politischen Morde an dem kommunistischen Parlamentsabgeordneten Pio La Torre, an dem Parteivorsitzenden der DC auf Landkreisebene Michele Reina und an dem sizilianischen Ministerpräsidenten und DC-Mitglied Piersanti Mattarella betraut waren, konkrete Hinweise über die Geschäftskomitees des Grafen Cassina, des DC-Mitglieds, Europaabgeordneten und Statthalters Andreottis in Sizilien Salvo Lima und des Mafiamitglieds und ehemaligen Bürgermeisters Vito Ciancimino geliefert.«

Mit Hinweisen waren natürlich keine Aussagen als Augenzeuge gemeint, sondern Orlandos Darstellungen über den jeweiligen politischen und wirtschaftlichen Kontext, in dem die Verbrechen herangereift waren. Er hielt und hält es für völlig unglaubwürdig, daß der Mord an seinem christdemokratischen Freund Piersanti Mattarella am 6. Januar 1980 ohne die Unterstützung von politischen Vertretern auf allerhöchster Ebene geschehen konnte. Obwohl Orlando mit seinen Anschuldigungen allgemein die Richter des Antimafia-Pools in Palermo angreift – und dabei hauptsächlich den Oberstaatsanwalt Pietro Giammanco im Auge hat, wird daraus sofort der Fall »Orlando gegen den Mafiajäger und Richter Giovanni Falcone«.

Im ersten Moment reagierte Falcone so, als würde ihn das *J'accuse* Orlandos nicht betreffen. Dann aber, einen Tag später, kritisierte er Orlando und dessen allgemein gehaltene Anklagen: »Wenn der Bürgermeister von Palermo etwas weiß, soll er Namen und Fakten auf den Tisch legen und die Verantwortung für seine Behauptungen übernehmen. Andernfalls soll er schweigen, denn es ist ungehörig, schlecht über Abwesende zu reden, die sich nicht verteidigen können.« (Giovanni Falcone, Interview in *La Repubblica*, 19. Mai 1991)

Orlando verteidigte sich damit, daß er eine *real bestehende* nachprüfbare Situation in der Staatsanwaltschaft von Palermo aufgezeigt habe und in Giammanco den Hauptverantwortlichen für diese Zustände sah. Die Aufzeichnungen Falcones, die nach seinem Tod gefunden wurden, besagen das gleiche. Auch er wußte – und sprach es laut aus –, daß man mit Giammanco nicht zusammenarbeiten konnte. Das bedeutete im Klartext, daß Falcone darin gehindert wurde, seiner Pflicht nachzukommen, er seine Aufgabe nicht nach bestem Wissen und Gewissen erfüllen konnte. Orlando interpretierte Falcones polemische Haltung gegen ihn dahingehend, daß sich Falcone in erster Linie als treuer Staatsdiener verstand und sich als pflichtbewußter Richter dem Irrglauben hingab, Giammanco besser kontrollieren zu können, als dieser zum Oberstaatsanwalt und damit zu Falcones Vorgesetztem ernannt wurde. Kritik von außen erschien Falcone demnach als Einmischung in seinen Kompetenzbereich.

Mittlerweile ermittelt die Staatsanwaltschaft von Caltanissetta wegen Verdachts auf Verbindungen mit der Mafia gegen den Kollegen Giammanco und die Staatsanwaltschaft in Palermo.

Dennoch war 1990 ein unheilbarer Bruch zwischen den Protagonisten in diesem leidenschaftlichsten Antimafia-Kampf entstanden, für den Einigkeit die wichtigste Voraussetzung darstellt. Durch Mißverständnisse, Polemiken, Seitenhiebe und Giftpfeile, die zwischen Orlando und Falcone hin- und herflogen, spitzte sich die Situation auf dramatische Weise zu. Kurz vor seiner Wiederwahl als Bürgermeister im November 1993 kommentierte Orlando das Geschehene folgendermaßen: »Es war eine Falle, eine echte Falle, und Giovanni (Falcone) hat das nicht rechtzeitig begriffen. Er hätte in Palermo bleiben müssen. Das ist der Kern der Sache.«

Giammanco erhob Verleumdungsklage gegen Orlando und Klage auf Schadensersatz (300 Millionen Lire wegen materieller und nur 200 Millionen wegen moralischer Schäden). Orlandos Kommentar hierzu lautete: »Offensichtlich denkt Giammanco von sich selbst, daß er auf moralischer Ebene weniger wert sei als auf wirtschaftlicher.« Die Klage wurde im Frühjahr 1993 von der Kommission für die Anklageerhebung im Abgeordnetenparlament abgewiesen, da Orlandos Behauptungen »Ausdruck seiner Tätigkeit als Abgeordneter sind«.

Die Anklagen Orlandos zwangen den damaligen Staatspräsidenten Francesco Cossiga, etwas Licht in die Sache zu bringen. Widerwillig berief er die palermischen Staatsanwälte nach Rom. Der *Consiglio*

Superiore della Magistratura, der Oberste Richterrat, reagierte heftig auf Cossigas »Einmischung«. Und der Staatspräsident war aufgrund dieser Diskrepanzen ebenso heftig verärgert. Seinen Ärger ließ er in einer seiner bekannt blumigen Äußerungen an Orlando, dem Urheber des ganzen »Durcheinanders« aus: »Orlando ist ein braver Junge, der aber nicht begriffen hat, wie groß der Schaden ist, den er angerichtet hat. (...) (Der) sich von einem fanatischen Priester (gemeint ist der Jesuitenpfarrer Ennio Pintacuda) beraten läßt und meint, im Paraguay des 17. Jahrhunderts zu sein.«

Ein Jahr später, im September 1991, beschloß der Oberste Richterrat, den »Geheimnissen« in den Schubladen des palermischen Justizpalastes nachzugehen. Noch im gleichen Monat überreichten die drei RETE-Mitglieder Leoluca Orlando, Alfredo Galasso und Carmine Mancuso dem Rat eine dreißigseitige Eingabe mit Hinweisen und Beweiselementen zu den wichtigsten politischen Mafiaverbrechen seit 1979 in Palermo. Zusammenfassend wurde in dieser Schrift folgendes angeklagt: »Der grundlegende Mangel einer konkreten Strategie und einer Untersuchungstätigkeit, zumindest seit dem Jahr 1985, die von den Untersuchungsrichtern in Palermo Entschlossenheit und Kohärenz im Verhalten gefordert hätten, welche der schwerwiegenden Situation angemessen gewesen wären.« Der »Fall Orlando« wurde vom *Consiglio Superiore della Magistratura* archiviert.

Jetzt, im Jahr 1993, kam alles wieder auf den Tisch. Orlando hatte also keine »Visionen«, sondern recht gehabt.

Die von Orlando auf der Pressekonferenz in Rom gezeichnete politische Landschaft ist rissig, voller Sprünge, aufgebrochener Schutzhüllen und Schweigesiegel, neblig grau und voller Blutspuren – und für ihn der ideale Boden für einen Neuanfang. »Jetzt kann eine neue Seite aufgeschlagen werden. Ich erwarte, daß der Oberste Richterrat die Untersuchung über unsere Eingabe vom September 1991 wieder aufnimmt.«

Daß Orlando in knapp einem Monat die Bürgermeisterwahlen gewinnen würde, war eigentlich allen anwesenden Journalisten klar. Vielleicht war diese Gewißheit über den Wahlausgang und das Fehlen ernstzunehmender Konkurrenten mit schuld an den etwas lauen Fragen der verschiedenen Journalisten aus aller Welt, denen ein kritischer oder gar provokanter Unterton vollkommen fehlte. Eine Frage – und Orlando schnurrte seine druckreife Antwort runter. Nur ein griechischer Journalist stellte gegen Ende eine originelle und ausbaufähige Frage, die ungefähr so lautete: »In den vergangenen Jahren hat man bei jeder Wahl in Palermo ›gewußt‹, wem die Mafia ihre Stimme gegeben hat. Man wußte, wen sich die Mafia direkt mit materiellen Vergütungen gekauft (Ciancimino z.B.) oder wem sie ein ungeheures und vermehrungsfreudiges Stimmenpotential in Aussicht gestellt hatte. Setzt man diese Tatsache voraus: Wem wird die Mafia bei der kommenden Wahl ihre Stimme geben?«

Bei dieser Frage stutzte Orlando zum ersten Mal ein wenig. Wirkliche Gegenkandidaten gab es eigentlich keine: Die Schwester von Giovanni Falcone, Maria, die sich als Kandidatin für das Bürgermeisteramt hatte aufstellen lassen und damit für viel Aufregung gesorgt hatte, hatte ihre Kandidatur schon vor Monaten zurückgezogen. Elda Pucci, die frühere christdemokratische Bürgermeisterin von Palermo, unter der Orlando sein erstes politisches Amt (1983) als Assessor für die

Leoluca Orlando, Bürgermeister von Palermo.

Leoluca Orlando an seinem Arbeitsplatz.

Mit Kardinal Pappalardo.

Orlando bei einer Prozession zu Ehren der Stadtpatronin von Palermo, der heiligen Rosalia, am 14. Juli 1994.

*Bei der Eröffnung der Radweltmeisterschaften 1994 mit der Witwe des
von der Mafia ermordeten Richters Paolo Borsellino.*

Leoluca Orlando bei einer Veranstaltung zum Gedenken an den Richter Gaetano Costa mit dessen Mutter.

Leoluca Orlando im Gespräch mit dem sizilianischen Schriftsteller Leonardo Sciascia.

Orlando beim Besuch eines Altenheimes.

Eröffnung einer Grundschule mit angeschlossenem Kindergarten im Juni 1994.

Orlando bläst die Kerzen auf einer Torte aus, auf der »Willkommen Leoluca« steht.

Bei einer Konferenz unter dem Motto »Palermo - eine Stadt für den Frieden.«

Dezentralisation der Gemeindeverwaltung gehabt hatte, schien einen Moment lang eine ernstzunehmende Konkurrenz zu sein. Als es hieß, bei der Einreichung ihrer Kandidatur beim Polizeipräfekten sei ein Formfehler unterlaufen und da die Abgabezeit verstrichen sei, könne sie nicht mehr zugelassen werden, roch man den Braten. Elda Pucci wehrte sich heftig und war zum Schluß dann doch dabei.

Orlando gab in gewollt scherzhaftem Ton eine etwas sibyllinische Antwort: »Dazu kann ich Ihnen heute nichts sagen. Das werden wir am Tag nach der Wahl, nach Auszählung der Stimmen sehen.«

Kommentare aus Mailänder Kreisen drückten den 75 % der Stimmen für Orlando bei den Bürgermeisterwahlen eine schwerlich nachprüfbare Interpretation auf. Es hieß, Orlando sei zu mindestens einem Drittel mit den Stimmen der Mafia gewählt worden, die ihn damit jedoch nicht instrumentalisieren oder auf ihre Seite ziehen wolle, sondern die Absicht verfolge, seinen Sieg in ein schlechtes, zweideutiges Licht zu setzen. Diese These war auch in gewissen Kreisen in Palermo zu hören. Orlando hingegen behauptete, die Mafia hätte »überhaupt nicht gewählt, sie hat sich einfach nicht für diese Wahl interessiert«. Diese Auslegung zeichnet sich allerdings ebensowenig durch überwältigende Glaubwürdigkeit aus!

Zweifelsohne konnte Leoluca Orlando bei den Bürgermeisterwahlen 1993 auf ein großes Wählervolk zählen, das sich nicht in erster Linie von politischem Kalkül, sondern eher von seinem Pathos anstecken ließ. Seine gefühlsbetonte Rhetorik kommt im allgemeinen in Norditalien nicht sehr gut an. Dort zählen Fakten, Thesen, Zahlen. Und zahlenmäßig hat es dem Kommentar aus dem Norden zufolge bei jeder Wahl in

Palermo bisher so ausgesehen, daß die Mafia ein Drittel der Wählerstimmen kontrolliert hat. Punkt.

Für seinen volkstümlichen Wahlkampf hatte Orlando unter anderem den Slogan »Für eine lebendige Kultur der Gasse, gegen die herrschende Kultur« verwendet. Die Wirtin meines Hotels, eine echte Palermerin, meinte zu dem Wahlausgang, daß Orlando noch viel mehr Stimmen hätte bekommen können, wenn er kohärenter gewesen wäre. Und für inkohärent hält sie schlichtweg Orlandos Verhalten gegenüber Falcone, der für alle und vor allem seit seinem Tod in Palermo als der »eigentliche« Held gilt. »Er hätte mit der Sprache rausrücken müssen, anstatt nur Verdachtsmomente und ein durch und durch vergiftetes Klima zu schaffen. Damit hat er Falcone isoliert, und die Isolation schuf die beste Voraussetzung für die Killer, sein Todesurteil zu vollstrecken.«

Daß die Liebe der Palermer zu Orlando – und kein Bürgermeister war je so beliebt wie er – , wenn auch nicht ungeteilt, so doch ansteckend, ja geradezu aufrührerisch sein kann, zeigt das Beispiel der folgenden, filmreifen Episode:

Am 20. Juli 1992, einen Tag nach der Ermordung des Richters Borsellino und seiner Leibwache, stürmte eine Gruppe von Parteimitgliedern der RETE den *Palazzo delle Aquile*, das palermische Rathaus. Am Eingang wurde der Oberstaatsanwalt von Palermo von einer zornigen Menschenmenge mit wilden »Mafioso, Mafioso«-Rufen empfangen. Der Polizeichef und die zum traurigen Anlaß herbeigeeilten Minister waren gezwungen, sich vor den aufgebrachten Bürgern in Sicherheit zu bringen. In dieser heißen Atmosphäre verlangte eine Gruppe von jungen RETE-Mitgliedern

Einlaß ins Rathaus. Als Orlando noch Bürgermeister war, war jeder Bürgergruppe ganz selbstverständlich ein Raum für politische Zusammenkünfte zur Verfügung gestellt worden. Dieses »Privileg« wurde von den Demonstranten nun wieder eingefordert. Doch jetzt war die Antwort ein schroffes Nein. Vor dem Eingang konzentrierte sich die Menge. Man schrie und verlangte skandierend, angehört zu werden. Emilio Arcuri, Fraktionsvorsitzender der RETE im Stadtparlament, öffnete von innen ein Fenster und tat so, als wolle er sich auf eine Diskussion mit den Hitzköpfen einlassen. Da kletterte der erste aus der Menschenmenge, Davide Camarrone, Pressechef der RETE im Regionalparlament, an der Rathauswand hoch. Weitere 120 Personen folgten ihm und drangen durch dieses Fenster ebenfalls in das Gebäude ein. Die »Erklimmung« des Rathauses dauerte die ganze Nacht, bis endlich Orlando mit seiner Leibwache auftauchte. Begeisterte »Luca-Luca-Luca«-Rufe. »Sie hätten auf uns schießen können, wir wären nicht gewichen, keinen Zentimeter. Wir fühlten uns unverletzlich und unbesiegbar.« (Salemi, *Ragazzi*, S. 67)

Orlando wird von den Palermern geliebt, weil er ihre Sprache und ihren Dialekt spricht. Sie reißen sich um seine Freundschaft, wenn er auf Tuchfühlung geht und sich zu Fuß in die Slumviertel und sozialen Randgebiete der Stadt begibt. Man nennt ihn »Ollando« oder Luca, und der Fischverkäufer im Stadtviertel Vucciria meint, er brauche gar keine Leibwache und gepanzerte Fahrzeuge und Sirenengeheul, denn »bevor sie ihn umbringen« – ihn, den »sinnacu«, den Bürgermeister –, »müssen sie erstmal uns umbringen«.

Ganz treue Orlando-Fans sind zum Beispiel sämtliche Familienmitglieder und Freunde der Familie Scibetta. Salvo Scibetta ist heute der offizielle Lieferant für RETE-Gadgets: Spangen, Knöpfe, Schlüsselanhänger, Uhren, Bänder, alles wird verkauft, um damit die »Bewegung«, d.h. die RETE, zu finanzieren. Scibetta hat zwei Töchter, sieben Geschwister und eine ständig wachsende Anzahl von Nichten und Neffen. Und alle, auch die kleinsten, stoßen Freudenschreie aus, wenn sie Orlando im Fernsehen sehen. Es ist also ganz selbstverständlich, daß die Scibetta, ihre Cousins, Onkel, Schwager, Schwiegereltern, Freunde und Nachbarn RETE wählen. Und der Grund dafür ist folgender:

1985 war Salvo Scibetta ambulanter Verkäufer von Haushaltswaren. Er zog über die Märkte und war Marktschreier für die Hausfrauen, bot Nudelsiebe und Druckkochtöpfe an, doch die Geschäfte gingen immer schlechter. So beschloß er, gezwungenermaßen in den Norden zu emigrieren, möglichst nach Udine. Doch vor seiner Abreise schrieb er noch einen leidenschaftlichen Abschiedsbrief an die Stadt Palermo. Und zu seinem großen Erstaunen veröffentlichte die Tageszeitung *Il Giornale di Sicilia* diesen Brief, und daraus wurde ein kleines Ereignis. Während er die Koffer packte, klingelte es an seiner Tür, zwei Stadtpolizisten standen mit einem Brief des Bürgermeisters Leoluca Orlando vor der Tür. Darin wurde ihm die zitierte Mitarbeit in der RETE angeboten. So blieben ihm das harte Schicksal des Emigranten und die langen Winter in Udine erspart.

Begeisterte Anhänger hat Orlando aber auch unter den Universitätsstudenten, die Examens- und Doktorarbeiten über ihn und den »Palermer Frühling« schreiben.

Orlandos Charisma war auch nach seinem Rücktritt vom Bürgermeisteramt im Jahr 1990 so tragfähig, weil hinter ihm, in der von ihm gegründeten RETE-Bewegung, politische Persönlichkeiten wie Nando Dalla Chiesa, der Sohn des 1982 in Palermo ermordeten Polizeipräfekten Alberto Dalla Chiesa, Diego Novelli, ehemaliges Mitglied der sozialistischen Partei und früherer Bürgermeister von Turin sowie Alfredo Galasso, Rechtsanwalt und Ex-Mitglied der Kommunistischen Partei, standen. Sein Charisma ist noch strahlender geworden, seitdem er endlich aus der *Democrazia Christiana* ausgetreten ist.

Aber natürlich lieben ihn nicht alle. Und zu den Illusionslosen, den Nüchternen zählen keineswegs nur die Intellektuellen. In Wolf Gaudlitz Film taucht der alte sizilianische Bauer am Ortsrand von Prizzi auf, der auf die Frage, was er denn von Orlando halte, sehr diplomatisch und vielsagend antwortet: »Orlando – er tut nichts Schlechtes ...« Und er muß es ja wissen. Denn Orlandos Vorfahren stammen aus Prizzi.

Am Ende der Pressekonferenz ließ sich Orlando fotografieren. Man spürte deutlich, wie sehr ihm das gefiel. Als einer der Fotografen ihn zusammen mit dem Buch »Die Herausforderung Orlandos« aufnehmen wollte, scheute er sich nicht, technischer Notwendigkeit folgend in die Knie zu gehen – und es gelang ihm mit einer gewissen Natürlichkeit. Der Kontrast zwischen dieser demutsvollen Haltung und dem programmatischen Buchtitel hätte nicht augenfälliger sein können.

Nach dem Fototermin ging ich auf ihn zu, oder besser gesagt, ich stellte mich ihm in den Weg. »Ja, trinken wir nachher etwas zusammen«, meinte Orlando unverbindlich.

Später dann, in den tiefen Sesseln im Clubraum des Pressesitzes, widmete er mir einige Minuten. Bei dem Stichwort Heidelberg belebte sich seine Miene, die »Schutzengel« schienen in den Hintergrund zu fliegen. »Gerade vor ein paar Wochen war ich seit langer Zeit mal wieder in Heidelberg. Ich lief über den Uniplatz, und die vielen Studenten, die mir entgegenkamen, schienen mir vertraut, obwohl ich sie nicht kannte und sie auch nicht kennen konnte. Doch instinktiv wollte ich sie grüßen und erwartete eigentlich, daß sie mich auch grüßten. Doch keiner kannte mich, keiner hatte mich wiedererkannt«.

Heidelberg ist für Orlando die »zweitwichtigste Stadt, eine Stadt der Erinnerung« und des historischen Gedächtnisses: »Sie wird um so wichtiger für mich, je weniger ich sie aufsuche.« Eine echte Traumstadt, in der er konkrete wie ideelle Wurzeln hat. Aus diesem Gefühl des Vertrautseins mit dem immer utopischer werdenden Ort entstand seine Erwartungshaltung, daß auch die realen Personen auf dem Uniplatz ihn wiedererkennen mögen.

Daß auch mir der Uniplatz, das Philosophische Seminar, der Kornmarkt und die Untere Straße mehr als vertraut sind, ließ mich für ihn einen Moment aus der Anonymität der Masse ihn ausfragender Journalisten heraustreten. Der Name Heidelberg wirkte wie ein Zauberwort. Plötzlich wurde Orlando verbindlicher und lud mich nach Palermo ein, um ihn »ein paar Tage lang zu begleiten«.

7.   Orlandos Palermo

Wie einladend und ehrlich seine Worte auch sicher
gemeint waren – Palermo wurde in den darauffolgenden Wochen und Monaten für mich zu einer Utopie,
die in immer weitere Fernen rückte. Denn der eigentliche Schutzpanzer um eine öffentliche Figur wie Orlando sind seine »Schloßhunde«, die in den verschiedenen Büros verteilt sitzen und Anrufern mit ihren
aussagearmen, unverbindlichen und schematischen
Antworten bei unzähligen Gesprächsversuchen klar zu
verstehen geben, daß man sich gefälligst ihrem Rhythmus anzupassen habe, der leider eher statisch als be-
wegt ist.

Einige meiner unzähligen Faxe und Anrufe mußten
dennoch bis zu Orlando durchgedrungen sein, denn
immerhin erhielt ich von ihm zwei Karten in dickge-
fütterten Briefumschlägen mit den hoffnungsfrohen
Worten » *Arrivederci in Palermo*. Der Bürgermeister«
und seiner arabesk geschwungenen, fein säuberlichen
Unterschrift, die nicht mit dem über alle Ufer treten-
den Gekrakel eiligst angebrachter Signaturen anderer
»wichtiger« Leute zu vergleichen ist.

Als ich dann endlich Anfang Februar in Palermo
landete, hatte ich immer noch keine Ahnung, wo,
wann, wie oder bei welcher Gelegenheit ich Orlando
wirklich treffen würde.

Die Tage bis dahin erlebte ich in ungeduldiger Er-
wartung. Ich sah mich inmitten eines großen Gewebes,
selbst meine Fäden ziehend und spannend, die, wenn
sie auch ganz heterogene Ursprünge, Farben, Bedeu-
tungen hatten, letztendlich doch fester Bestandteil des
neuen, von mir gewobenen Stoffs sein sollten, aus dem
dieses Porträt von Orlando gemacht sein würde.

Orlando liebt es bekanntlich sehr, unter den Palermern, den Bürgern seiner Stadt, zu sein. Er stürzt sich geradezu in die Menge und bezeichnet das als das »heftige Bedürfnis nach Beisammensein mit den anderen, in denen ich mich wie in einem Spiegel wiedererkennen will, mit ihnen zusammen mich Bürger der gleichen Stadt fühlen will«. Einer der typischen, Idylle verheißenden Sätze Orlandos. Einen solchen »Spiegelmoment« wollte ich erhaschen.

Die Taxifahrer in Palermo sind freundlich und korrekt. Der Preis für die Fahrt wird vorher ausgehandelt, auf der Fahrt schalten sie dennoch den Taxameter an: »Wissen Sie, wenn uns die Steuerfahndung anhält, wäre ich dann gleich alles los, die Lizenz, das Auto, und obendrein müßte ich noch eine gesalzene Strafe zahlen.« Vielleicht ist dieses Verhalten etwas ganz Neues, wie die Freispuren für öffentliche Verkehrsmittel auf den Hauptverkehrsstraßen, die tatsächlich für ihre Zweckbestimmung frei bleiben.

Wir fuhren auf der Stadtautobahn Richtung Palermo. Es war dunkel, die Lichter verschmolzen mit der noch milden Luft. Es gab nur wenig Verkehr, und um die ganze Stadt lag ein Glanz, ein Reflex, der von nichts anderem als dem unsichtbaren, aber spürbaren Meer kommen konnte.

Da schien sich ein Auto auf der Schnellstraße »verirrt« zu haben. Ein Wagen mittlerer Größe, ich kann mich nur noch an das Kennzeichen von Trapani erinnern, fuhr gemütlich und so ziemlich genau in der Fahrbahnmitte, auf dem Spurenstreifen. »Ja schauen Sie sich den mal an!« rief der Taxifahrer mehr mit Spott als mit Aggression in der Stimme, während er dem Auto aus Trapani fast hintendrauf fuhr. »Ja, das ist doch mal wieder ein schlagender Beweis – die Trapanesen können beim besten Willen nicht Auto fahren!«, und bei diesen Worten überholten wir den gemächlich dahintuckernden Wagen, der gleichzeitig rechterhand von einem anderen Auto mit Kennzeichen Palermo überholt wurde. Dieses war mit rasender Geschwindigkeit plötzlich hinter uns aus dem Nichts aufgetaucht! Alles ging mit größter Ruhe vor sich, so als wäre es wirklich die normalste Sache der Welt. Der Welt vielleicht nicht, aber in Palermo muß das zu den kleineren Übungen des Alltags gehören.

Die Beredsamkeit des Taxifahrers nahm stark ab, als ich ihn auf der Höhe des Ortes Capaci nach der Stelle auf der Autobahn fragte, wo am 23. Mai 1992 der Richter Giovanni Falcone mit seiner Frau Francesca Morvillo und seinen vier Leibwächtern von Mafiakillern ermordet worden war. Die fragliche Stelle befand sich gleich hinter eine Brücke, und ich erkannte auf der schnellen Fahrt in einer Kurve nur ein Stück verstärkter Fahrbahnbegrenzung, gleichermaßen Schutz für schleudernde Wagen und allzu weitschweifende Blicke. Ringsum Grün und Ferienhäuser, Villen, Palmen. Das Attentat war in Vorbereitung und Ausführung eine Präzisionsleistung gewesen. Selbst die im letzten Moment verschobene Abreise Falcones aus Rom konnte das Timing für seine Exekution nicht beeinträchtigen: Der »Judas«, der Doppelspieler, der Gewährsmann im Innenministerium, hatte die Information über den verschobenen Abflug Falcones umgehend an die Männer vor Ort weitergegeben. Die richteten sich von ihrem Basislager auf einem Hügel hinter den Ferienhäusern von Capaci zigarettenrauchend darauf ein. Als dann das FBI – Falcone war in Amerika besonders geschätzt – seine DNA-Experten nach Palermo schickte, um durch die Untersuchung der Speichelreste auf den Zigarettenstummeln auf die Spur der Mörder zu kommen, war eigentlich allen klar, wie groß diese Farce war. Denn die eigentlichen Spuren, die zu den Mördern führen sollten, hätten in der genannten Regierungsstelle in Rom verfolgt werden müssen.

Falcone war systematisch ins Aus gedrängt worden, denn er hatte in seinen langen Jahren skrupulöser und intelligenter Arbeit einfach zuviel Wissen angehäuft, zuviel nicht nur über die Mafia, sondern zuviel über die mit der Mafia verfilzten Politiker und deren Strategien. *Hinterher* dann sprachen einige Politiker und Journalisten öffentlich aus, daß Falcone nicht nur von der Mafia ermordet worden sei. Das Dramatische dabei ist, daß diese Experten durch ihr Schweigen vorher den »Nicht-nur-Mafiosi« einen großen Dienst erwiesen haben. Nur ihr Stillhalten hatte den Mord an Falcone und viele andere ermöglicht.

Die Taxifahrt ging schweigend weiter. Die Konturen des Taxifahrers verschwammen in der Dunkelheit der Nacht, aus der er erst unter den Lichtern der Stadt vor meinem zentral gelegenen Hotel wieder auftauchte. Freundlich trug er meinen Koffer bis zur Rezeption hinauf.

Natürlich hatte ich bei meiner Ankunft in Palermo nicht mit einem roten Teppich gerechnet, aber als der junge Public-Relations-Beauftragte der RETE und gleichzeitig Orlandos »Spezialwachhund« am Telefon fast überrascht zu sein schien, daß ich tatsächlich in Palermo gelandet war, und natürlich nicht den geringsten guten Willen zeigte, mich mit Orlando sprechen zu lassen, blieb mir doch für einen Augenblick die Sprache weg.

Meine Vorstellung von einer aristokratischen Orlando-Welt mit Schloß und Schloßhunden war durch einen Artikel in einem italienischen Wochenmagazin bereichert worden: Orlando, der neue Vizekönig – ein wirklich häufig wiederkehrendes Attribut –, dem es gelungen war, das Herz der wunderschönen Prinzessin Panormilla (Palermo) zu erobern. Die Tochter des Königs »Nullität« und der Königin »Habgier« lebte mit ihren Eltern in einem Schloß auf einer Insel inmitten des Meers. Vor den Schloßmauern drängten sich Hungerleidende und Bedürftige aller Art und bleichgesichtige Frauen. Es kam der Tag, da für Prinzessin Panormilla ein Gatte zu wählen war. Doch da der erste Freier, der Herzog Affaron degli Affaroni (Obergeschäftemacher), der Prinzessin Kopfschmerzen und der zweite, der Graf Furbacchionis (der Oberschlaue), der Prinzessin Brechreiz bereitete, schloß sich Panormilla in den Schloßturm ein. Bis eines Tages ein kühner Kavalier mit glutvollen Augen und einer schwarzen Haartolle auf der Stirn erschien. Sein Name war Belciuffo. Bei Panormilla war die Liebe groß. Und so schlossen sich Parnormilla und Belciuffo mit ein bißchen Rotwein, einer Schrift des Meisters Pintaludica (natürlich ist der Jesuitenpater und Berater Orlandos Pintacuda gemeint) und dem Bildnis der Madonna in den Turm ein. Einen Monat lang blieben die beiden im Turminneren verborgen und … Was sie dort taten, blieb ihr Geheimnis, doch am 21. November 1993 (dem Tag der Bürgermeisterwahl in Palermo), gaben die zukünftige Königin Panormilla und der zukünftige König Belciuffo den in Bürger verwandelten Untertanen des Reichs ihre Vermählung bekannt.

Für mich wurde die Zugbrücke vorerst nicht heruntergelassen, und mein Gefühl, vor einem unbezwingbaren Wall zu stehen, verstärkte sich. Orlando blieb in seinem Schloß für mich Normalsterbliche weiterhin unerreichbar. Der »Professore« aus Catania, den ich in einem italienischen Verlag kennengelernt hatte, nannte dieses Gehabe die vom spanischen Erbgut bedingte »Grandeur« oder: Die Größe des Sultans mißt sich am Machtgebaren seiner Wesire und Konsuln. Oder: In Palermo ist selbst der Rauch, der aus den Kaminen steigt, gekräuselt und geziert. Des Professors Meinung über das »Phänomen Orlando« war durch und durch negativ.

Statt mit Orlando traf ich an jenem Abend mit einem Journalisten des *Giornale di Sicilia*, der größten und mittlerweile einzigen palermischen Tageszeitung, zusammen. Diese Zeitung hatte schon immer eine heftige Kampagne gegen Orlando geführt, hatte während seiner fünfjährigen Amtszeit an der Spitze der Fünfparteien-Gemeindeverwaltung (DC, Grüne, PCI, *Città per l'uomo* [Stadt für den Menschen], PSDI) immer alle negativen Aspekte betont. Ganz anders war ihre Berichterstattung während der Amtszeit der vorhergehenden mafiosen Bürgermeister wie Salvo Lima und Vito Ciancimino gewesen. Die ideologische Position des Zeitungsverlegers ist darüber hinaus leicht am sprachlichen Duktus des Blattes abzulesen.

»Als Hauptkennzeichen, das aus einer Sprachanalyse der zur Definition des Gemeindeausschusses verwendeten Begriffe hervorgeht, wird ihr ›Anormalsein‹ zusammen mit ihrer ›Öffnung gegenüber der kommunistischen Partei‹ gesehen. Das Adjektiv *anormal* steht ohne Anführungszeichen, im Gegensatz zu seiner Verwendung in anderen Tageszeitungen, häufig neben dem Begriff Gemeindeausschuß. Dieser Umstand wird von mir als Zeichen der vollen Billigung dieses Attributs interpretiert und nicht nur als eine neutrale Mitteilung der von anderen (hauptsächlich den Sozialisten) gebrauchten Begriffe. Die Öffnung gegenüber der kommunistischen Partei ist eine für die ganze fragliche Zeit gemachte Angabe und wird fast als Bedrohung für das Schicksal der Stadt dargestellt. (...) Das Neue der politischen Erfahrung wird negiert, indem gerade behauptet wird, daß der Gemeindeausschuß nichts anderes sei als eine neue Formel, die auf jeden Fall – so beruhigt man die Leser – nicht exportierbar sei.« (Baudo, *Diario palermitano,* S. 75)

Im April 1990, am Ende seiner ersten Amtszeit und wenige Tage vor dem Rücktritt des Gemeindeausschusses, fällte Orlando sein vernichtendes Urteil über diese Zeitung. »Es sollte uns zu denken geben, daß (...) Hunderte und Aberhunderte von Bürgern aus dem Unternehmerbürgertum und den Intellektuellenkreisen Geld gesammelt haben, um eine Seite im *Giornale di Sicilia* für eine Solidaritätsbekundung gegenüber der Gemeindeverwaltung zu bezahlen. Diese (...) örtliche Tageszeitung hätte die Meinung der Bürger dieser Stadt niemals kostenlos abgedruckt: In dieser Zeitung wird schon seit zwei Jahren kein Interview mit dem Bürgermeister mehr veröffentlicht, auch weil der Bürgermeister der Zeitung ordnungsgemäß mitteilen ließ, daß er keine Interviews mehr geben würde. Diese Stellungnahme wird durch sehr viele Umstände bestätigt. Zum Beispiel durch den, daß am Schluß des genannten Bürgerappells gegen Bezahlung auch die Unterschriften von acht Journalisten eben dieser Zeitung zu lesen sind – Journalisten also, die gezwungen sind, sich einen Platz in ihrer Zeitung, für die sie arbeiten, zu kaufen, um ihre Meinung über die Kommunalverwaltung ihrer Stadt kundzutun!«

Neugierig, wie ich bin, hatte ich dieses Blatt zweckdienlich drei Monate lang abonniert. Abgesehen von der schrecklich kitschigen Aufmachung hatte ich auf der Suche nach Orlando betreffenden Artikeln den Eindruck, daß die teils platte Sprache des jeweiligen Schreibers keine eigenständige Meinung zum Ausdruck bringt. Doch auch die mangelhafte Information ist ein eindeutiger Hinweis auf eine grundsätzlich ablehnende Haltung.

Der Abend mit dem Journalisten Renzo hielt jedoch einige Überraschungen und nützliche Erkenntnisse für mich bereit. Bislang hatte ich mit ihm, der auch im Begriff war, seine ersten Erfahrungen als Verleger zu sammeln, nur telefonischen Kontakt gehabt. Renzo ist ein rundlicher, verdrossen dreinblickender Mann mittleren Alters, der die ausdruckslosesten Augen hat, die ich je bei einem italienischen Mann gesehen habe. Auf den ersten und auf den zweiten Blick schien ich ihm nicht besonders sympathisch. Wer weiß, wie anders er sich mein Aussehen vorgestellt hatte. Blond und blauäugig vielleicht. Wir fuhren durch abendliche Straßen zu einem »ruhigen« Restaurant, erklärte er mir, wo er Stammgast sei. Allerdings sei er sich nicht ganz sicher, ob es schon wieder geöffnet habe, da die gesamte Küche vor ein paar Monaten »in die Luft gegangen« sei. Ich schaute ihn von der Seite an und wollte gerade den Mund mit einer Bitte um nähere Einzelheiten öffnen, als er unmutig hinzufügte: »Das war eine defekte Gasleitung ...«

Durch die, großen, von Gardinen verhangenen Glaswände drang Licht auf die Straße, das Restaurant hatte also geöffnet. Zumindest wurde es uns geöffnet, denn die Eingangstür war eigentlich verschlossen, obwohl es sich um ein öffentliches Lokal handelte. Erst ein Knopfdruck und der magische Blick des eiskalt lächelnden Chefs zum Zwecke der Identitätsprüfung seiner hungrigen Gäste ließen die Tür aufgehen. Das Restaurant hat nur Stammgäste, die alle per Handschlag begrüßt wurden. Renzo wurde dazu mit einem freudig herausgeflöteten *dottore* empfangen, während der Empfangschef dem verehrten Meister der Informationskunst den Mantel von den Schultern riß und ihn mit vielen kleinen spasmischen Verbeugungen zum Tisch »ganz nach seiner Wahl« führte. Doch halt, unterwegs zum Tisch, steuerte der eifrige Journalist raschen Schrittes auf eine teils sitzende, teils stehende Gruppe von Männern an einer großen, festlich gedeckten Tafel in der Fensternische zu und wurde dort herumgereicht, *il dottore* und *giornalista*. Ich blieb nur für einen kurzen Augenblick inmitten des Lokals wie bestellt und nicht abgeholt stehen. Mit etwas zwanghafter Entschlossenheit begab ich mich ohne Begleitung zu unserem Tisch, wo ich mich niederließ und genau im Blickfeld eines einzeln sitzenden Herrn am Tisch gegenüber landete. Dieser konversierte ununterbrochen und mit lauter Stimme, aber in einem mir unverständlichen Dialekt mit seinem tragbaren Telefon, gestikulierte heftig mit der Gabel und ließ seinen Blick über meinen Busen auf die Tischkante gleiten, wo er dann von dem lang herunterhängenden Tischtuch gebremst wurde. Mein Journalist hatte sich mittlerweile aus der Versammlung der Höflinge lösen können und erzählte, die düster-graue Eminenz in ihrer Mitte sei ein gewisser Professor M., der mittelalterliche Geschichte an der Universität Palermo lehre. Jahrelang war er Berater des sizilianischen Ministerpräsidenten Rino Nicolosi gewesen, den Orlando einmal folgendermaßen porträtiert hatte: »Ein Aushängeschild für

Veränderungen innerhalb traditioneller Gesetzmäßigkeiten von Politik und Geschäftemacherei. Ein Reinfall.«

Der »Berater« hatte sich im günstigen Moment und ohne jegliche Konsequenz auf legaler Ebene in den sicheren Hintergrund zurückgezogen, als gegen Rino Nicolosi strafrechtliche Voruntersuchungen eingeleitet worden waren. Er beginne jetzt, so der Journalist, die Fäden wieder aufzunehmen. »Immer häufiger erreichen uns seine Anrufe in der Redaktion. Er hält uns über dieses und jenes auf dem laufenden.« Ein Hoch auf die freie, wahrheitsverbundene und korrekte Information der Massen als einem der wichtigsten Grundprinzipien der modernen Demokratien!

In Italien ist die Ware Information gefährlicher als Uran. Und deshalb besitzt sie einen extrem hohen Marktwert.

Die Gäste im Restaurant waren alle männlichen Geschlechts. Aus der vollständig renovierten Küche kamen ebenfalls nur Männer heraus, immer andere, ich verlor fast die Übersicht. Einer schrieb nur Rechnungen, ein zweiter bediente das ständig klingelnde Telefon, ein dritter war nur fürs Türöffnen und -schließen zuständig, ein vierter beriet die Gäste, ein fünfter nahm die Bestellungen auf, ein sechster gab die Bestellungen an die Küche weiter... Drei, vier schmuck aussehende Kellner unterschiedlichen Rangs servierten, balancierten dampfende Platten, reichten uns zur Begrüßung ein Glas *spumante*. Dann tauchten aus der Küche noch einige andere Männer auf, deren Funktion mir jedoch unklar blieb. Sie standen einfach nur da und schauten.

Renzo war sichtlich konsterniert, als ich mit meinem Glas gegen das seinige stieß und »*Salute, cin,*

cin« sagte und ihn eine halbe Sekunde lang anlächelte. Eine »anständige« Frau trinkt nämlich nur Wasser und macht in keiner Situation jemals den ersten Schritt. Unwillig, als hätte ich ihm die Show gestohlen, tastete er sich vor. Obwohl ich ihm mit Sicherheit schon mehr als einmal per Telefon den eigentlichen Grund meines Palermo-Besuchs mitgeteilt hatte, tat er jetzt so, als fiele er aus allen Wolken. Ein uralter Trick, um mich leichter aufs Thema zu bringen. Doch ich drehte den Spieß gleich um und stellte ihm Fragen über Orlando, auf die er nicht eingehen wollte. Wie es so im Stil seiner Zeitung ist, spuckte er nur mehrfach wieder-gekäute und mir längst bekannte Informationen aus und wollte von mir wiederum wissen, warum Orlan-do im Norden Italiens weniger populär sei als in Sizi-lien.

Bei einem völlig verkochten Meeresfrüchte-Risotto fragte ich ihn, ob er das Buch von Enrico Deaglio, *Raccolto rosso* gelesen habe. So direkt befragt, konnte er nicht leugnen, es nicht gelesen zu haben, was ihn aber nicht hinderte, sein Mißfallen an diesem Werk kundzutun. »Und überhaupt«, und jetzt kam er richtig in Fahrt, wischte sich die angelaufene Brille ab und rutschte mit seinem gewichtigen Leibe auf die Stuhl-kante vor: »alle diese ›Schreiberlinge‹, die vom Fest-land, von draußen kommen und überhaupt keine Ah-nung von Sizilien und von der Mafia haben, sie nicht haben können, weil sie nicht von hier sind, kein sizi-lianisches Blut in den Adern und keinen sizilianischen Boden unter den Kinderbeinen gehabt haben. Was bil-den die sich eigentlich ein, was wollen die eigentlich hier? Deaglio, einer aus Turin ...« Diesen fehlenden biografischen Hintergrund, diese mangelnden geneti-schen Kodes könne sich keiner mehr im nachhinein aneignen. Nein, andere Gesichtspunkte, einen anderen Kontext brauche es nicht, um etwas von der Realität Siziliens zu verstehen.

Ich versuche, keine Miene zu verziehen, denke an Falcone und sein Sizilien-Theorem: »Nur wer die sizilianische Seele kennt, kann die Mafia erfolgreich bekämpfen.«

»Um Ihnen besser zu erklären, was ich damit meine, hier ein Beispiel: Einer der 75 Sizilianer, die vor ein paar Tagen während der Fahndungsaktion *Golden Market* hier in Palermo verhaftet wurden, war ein Bekannter von mir. Ich war nicht eng mit ihm befreundet, aber wir kannten uns und begegneten uns hin und wieder. Er war ein hochgebildeter, edelmütiger, herzlicher, aber ebenso reservierter Mensch, ein echter *signore,* ein wahrer Fürst.« Bei dieser Lobeshymne zog ein zunehmend stärker werdender Glanzfilm über seine sonst so ausdruckslosen Augen. Fast leidenschaftlich fuhr Renzo fort: »Und jetzt, haben Sie gelesen, was sie über ihn geschrieben haben? Jetzt hat man ihm Unrecht getan, schlichtweg Unrecht, denn in dem entsprechenden Artikel über seine Verhaftung wird er nur als Mitglied der ›*Ehrenwerten Gesellschaft*‹, als Boß der Mafia von Brancaccio bezeichnet, wie er da in seiner Luxusvilla sitzt und auf einen Killer wartet, den er für einen neuen Auftrag zu sich gerufen hat. Was hat denn die Welt nun für ein Bild von ihm, was weiß die Öffentlichkeit nun von seinen menschlichen Qualitäten!«

Ich bin einerseits sprachlos, aber auf der anderen Hälfte meiner Zunge hat sich schon ein erdrückender Berg von Argumenten angehäuft. Doch hat da Argumentieren überhaupt noch einen Sinn? Die Mafia gehört ihnen, den Sizilianern, das ist seine Botschaft, auch wenn sie internationale Verästelungen, Verzweigungen, Filialen, Auslandssitze hat. »Die Seele der Mafia ist hier.«

Mafia bedeutete für Renzo ein umfassendes Wertesystem, bedeutete auch den Anspruch auf die totale Kontrolle über die Nachrichtenverbreitung, über die Mafialiteratur und damit die Verwaltung und Kontrolle der Antimafia-Berichterstattung.

Geradezu schwärmerisch wurde seine Stimme, als er mir von einer Mafiabraut erzählte, die ihren Verlobten und Boß verraten hatte, was diesem und anderen hohe Gefängnisstrafen und ihr selbst ein Leben ohne Identität in Rom unter ständigem Polizeischutz eingebracht hatte. Ein Leben unter neuem Namen, ohne Vergangenheit, ohne Zukunft. Über sie möchte er schreiben, über sie und ihr Leben in der Anonymität. Die Frage nach dem Grund ihres Verrats, ihrer Reue, ihrer Zusammenarbeit mit der Justiz zu stellen, sei völlig irrelevant, meinte Renzo. Daß das Motiv ihrer Lossagung an der Basis ihrer neuen Identität steht, mit der sie ihr Leben zu schützen versucht, sollte keinen interessieren. »Eine schöne junge Frau, dunkle Haare, 25 Jahre alt, groß und schlank...« Seine fahlen Augen sind geradezu glutvoll geworden.

»Sie war Tänzerin.« »Tänzerin« bedeutet meistens Tingeltangelmädchen in Nachtlokalen, Animierdame, Stripteasegirl in zwielichtigen Kneipen, Flittchen. Er will sie nach Palermo kommen lassen, heimlich in ein Hotel einquartieren und interviewen. Sie, die junge Frau von erst 22 Jahren (am Anfang seines Berichts war sie noch 25). Sein Gesicht zeigte jetzt Spuren von Wehmut. Die Faszination der Räuberbraut, denke ich.

Auf dem Rückweg zu meinem Hotel wiederholte er mir eindringlich, daß er mir immer und zu jeder Zeit für Informationen über Orlando, den Bürgermeister seiner Stadt, zur Verfügung stehe. Ich verabschiedete mich und verschwieg ihm, daß ich mir die Informationen doch lieber selbst besorgen wollte.

8.   Eine Amtshandlung

Am nächsten Morgen weckte mich die Sonne über den Hochhäusern in der Innenstadt, und ich tauchte in den Wirbel des morgendlichen Treibens ein. Ich drehte meine Runde um die Piazza Politeama. Die Atmosphäre war heiter, die Luft roch nach Leben, die Palmen vor dem Teatro Politeama schaukelten im Wind. Der Verkehr war einzigartig, und das ist wörtlich gemeint. Die in Viererreihen fahrenden Autos hätten eigentlich ein solches Chaos schaffen müssen, daß keiner mehr weder vor noch zurück gekonnt hätte. Doch nein, obwohl in den meisten Autos eine rege Unterhaltung unter den Wageninsassen im Gange war, lebhafte Gesten, Blicke in den Rückspiegel, nachgezogenes Lippenrouge und andere Ablenkungen dieser Art, waren doch alle irgendwie auf die Fahrbahn konzentriert. Sogar die hohen Gäule der berittenen Polizei, die vor der Ampel zwischen den kräftig Abgas verpuffenden Autos herumtänzelten, wurden nicht zu Fall gebracht. Auf den Freibahnen preschten forsch in schwarzes Leder gekleidete weibliche Polizeibeamte heran, die wie Barbiepuppen zurechtgemacht waren: Lange blonde Löwenhaare quollen unter ihren Sturzhelmen hervor, schwarzes Augenmake-up hinter der Gangstersonnenbrille, leuchtend rosa Lippenstift auf den harten, künstlich aufgeworfenen Lippen. Die Dienstpistole drückte ihnen in die Hüften.

Meine Hotelwirtin erzählte mir von einer österreichischen Journalistin, die vor weniger als zehn Jahren bei ihr übernachtet hatte und ehrlich überrascht gewesen war, daß die palermischen Frauen nicht alle halb verschleiert in schwarzen Gewändern herumliefen und sich durchaus nicht nur zu dringenden Anlässen in der Öffentlichkeit zeigten.

Als ich mich schüchtern auf einen Zebrastreifen wagte, hielten die Autos reihenweise sanft bremsend an. Vielleicht war das nur an diesem Morgen so, vielleicht hatte das mit einer bestimmten Alltagsmagie zu tun, aber im Vergleich zu anderen großen europäischen Städten war der Fahrstil der Palermer angenehm.

Ich fuhr zur Einweihung einer Kinderkrippe in der Nähe der Universität. Natürlich hatte der Bürgermeister die Ehre, das Einweihungsband zu durchschneiden. Eine Menge junger Mütter in Miniröcken und Stöckelschuhen, schleifchengeschmückte Kinder, schwarze Talare und einige wichtig aussehende Männer mit tragbaren Telefonen drängten sich vor dem Eingang. Eine grell geschminkte Frau von knapp zwanzig Jahren gab ihrem kleinen Sohn ein paar kräftige Ohrfeigen, so daß ihm erst die Luft wegblieb, bevor er schrecklich zu heulen anfing. Die Sonne schien zwar immer noch, aber die Atmosphäre verdüsterte sich. Die Hofeinfahrt wurde von drei dicken Autos zugestellt, und plötzlich stand Orlando in der Menge. Hälse wurden gereckt, kleine Kinder hochgehoben, die wichtigen Männer eilten auf und ab. Begrüßungen, Verbeugungen, links und rechts hingehauchte Küsse, Knickse. Orlandos Gesichtsausdruck war steinern. Ob das nur der Streß war, fragte ich mich und stellte mich geschickt an eine Stelle, die er zwangsläufig passieren mußte. Er näherte sich, ich schaute ihm direkt in die Augen. Er erwiderte meinen Blick, regungslos und undurchdringlich.

Der Kinderhort sollte den Namen *Marikò* tragen, als ewiges Mahnmal für die grausame Verantwortungslosigkeit der Gesellschaft, die Verrohung und Gleichgültigkeit, mit der sie auch die Schutzlosesten und Unschuldigsten behandelt. Marikò – plötzlich fiel es mir wieder ein – war ein vier- oder fünfjähriges Mädchen, das von ihrem Vater, einem fliegenden Händler, der Nüsse und Kürbissamen auf Palermos Straßen feilbot, in einem der Proletarierviertel Palermos zu Tode gefoltert worden war. Sie war Bettnässerin. Ihr Vater hatte sie am Lampenschirm aufgehängt und auf sie eingeschlagen, bis das Blut und die Gehirnmasse nur so spritzten. Die Mutter hatte dann den unbeschreiblich zugerichteten Leichnam Marikòs in eine rosa Decke gehüllt ins Krankenhaus gebracht. Zu ihrem großen Erstaunen wurde auch sie verhaftet. Wahrscheinlich hat sie ihr zweites Kind, das sie zu dieser Zeit gerade im Leibe trug, im Gefängnis auf die Welt gebracht. Was wohl aus ihm geworden ist? Die beiden Brüder Marikòs wurden in ein von der Kirche geführtes Waisenheim gebracht und sagten aus, daß die Mutter ihrer Schwester schon oft ›sehr weh getan hatte‹. Das hatte auch der Arzt feststellen können, der Marikò wegen eines Beinbruchs behandelt hatte, den sie den Tritten ihrer Mutter zu verdanken gehabt hatte. Der Arzt wurde wegen unterlassener Anzeigepflicht zur Verantwortung gezogen, ob er verurteilt wurde, was aus der Berichterstattung der folgenden Monate nicht mehr zu erfahren. Der alltäglichen Form der *Omertà* genannten Gleichgültigkeit, dem Totschweigen mit tödlichem Ausgang, sollte also mit dieser Namensgebung ein lebendiges Mahnmal entgegengesetzt werden.

Orlando faßte in knappen Worten zusammen, wie viele Kinderhorte und Kindergärten in den vergangenen Monaten, den ersten seiner neuen Amtszeit, eingeweiht worden seien, wie viele noch entstehen würden. »Damit es für Kinder wie Marikò, die bisher keine Liebe und keinen Schutz von seiten der gesellschaftlichen Institutionen hatten, wieder Hoffnung geben kann. Damit das Leben wieder ein christliches, gottgewolltes, menschenwürdiges Leben ist.«

Die Mütter und Kindergärtnerinnen klatschten Beifall, die anwesenden Geistlichen nickten. Orlandos Hände nahmen eine typische Haltung ein, die Handflächen aneinandergelegt, zur stummen Sammlung. Der Geräuschpegel wurde lauter, die Stimme eines anderen Redners ging darin unter, und kaum hatte er seine Rede beendet, stürzten sich alle auf den fünf Meter langen Tisch mit Kuchen, Süßigkeiten, Limonade. Ich flüchtete nach draußen, um frische Luft zu schnappen. Die Bodyguards beäugten mich aus den geöffneten Wagenschlägen, die Maschinenpistolen auf den Beinen. Ihre Zigarettenkippen verteilten sie seelenruhig auf der Rasenfläche. Ich ging wieder hinein, um nach Orlando zu schauen, der verschwunden zu sein schien. Ich entdeckte ihn schließlich im Garten, umringt von einer Gruppe geduldig wartender Bittsteller, und stellte mich wohl oder übel hinten an. Zwei Männer redeten drängend auf ihn ein. Ich bekam nur Satzfetzen mit. Der ältere von den beiden umfaßte immer wieder beschwörend Orlandos gefaltete Hände. Es ging um ein Altersheim. »Machen wir nicht nur etwas für die Kinder, denken wir auch an die Alten! Oh, signor sindaco«. Orlando antwortete rasch, halblaut, fast nicht zu vernehmen. Ich verstand immerhin soviel, daß für ihn der Umgang mit Bittstellern keine Ausnahmesituation darstellt. »Ja, ihr habt ja recht«, meinte er, »ihr habt mich gewählt, und jetzt wollt ihr konkrete Fakten, Taten sehen...« Der Rest ging wieder unter. Dann war ich an der Reihe. Sein Blick verriet nach wie vor kein Wiedererkennen. Ich prallte von ihm ab wie an einer Mauer. Trotz seines grundsätzlichen Einverständnisses, sich von mir »porträtieren« zu lassen, dürfte ich keines seiner Familienmitglieder sehen, sprechen, kennenlernen. Orlando faßte mich an den Armen und sagte: »Herzlich Willkommen in Palermo!« Ein Eisschauer lief mir über den Rücken.

9. Ein »literarischer« Abend

Der Abend entschädigte mich für die ungastliche Seite Palermos, für die »Wand«, die in der lauen Luft der wunderschönen Stadt mit ihren bunten Gassen zeitweilig vor mir aus dem Erdboden emporgewachsen war.

Noch bevor ich mich auf die Entdeckung des unbekannten Planeten Palermo gemacht hatte, hatte ich mit Laura, einer Schriftstellerin, Kontakt aufgenommen, von der ich bislang nur ein Essay kannte. Am Telefon klang sie interessant, wenn auch etwas formell, und ich war neugierig, sie kennenzulernen. Kaum hatte ich noch von zu Hause aus das erste Gespräch mit ihr geführt, klingelte ständig mein Telefon, und ihr Verleger fragte mich immer wieder, wann ich denn endlich nach Palermo käme. Es handelte sich um den schon genannten *professore* aus Catania, der sich aber erst sehr viel später als das zu erkennen gab, was er wirklich war: ein Bibliothekar in Pension. Er zeigte sich äußerst bemüht um mich und besorgte mir das Hotelzimmer in Palermo, wofür ich ihm dankbar war. Doch konnte ich vor und während meines Aufenthalts in der Stadt das Gefühl nicht loswerden, daß die freundlichen Bemühungen des »Professors aus Catania« nicht rein altruistisch waren. Wie dem Journalisten ging es ihm hauptsächlich um Kontrolle. Ihm ging es um die Kontrolle meiner Person, die sich – vom Festland kommend und obendrein Deutsche – ohne männlichen Schutz in die Höhle des Löwen gewagt hatte. Aber er wollte auch Kontrolle über das, was ich sehen und erleben und über die Personen, mit denen ich Kontakt haben könnte. Meine Denkweise blieb ihm fremd. Auch nach mehreren Treffen fand sich keine gemeinsame Ebene, und ich wurde darob immer wortkarger, was ihn wiederum dazu verleitete, mir Sizilien, Palermo und Orlando zu »erklären«.

Kontrolle bedeutete natürlich auch, sich zu produzieren, zur Schau zu stellen, sich aufzuspielen. Mindestens sieben Mal erzählte er mir von dem Erfolg seines Poems, während ich viel mehr an den zwei Prosabänden von Laura interessiert war, die er als »seine Autorin« bezeichnete. Die beiden waren Lebensgefährten. Laura arbeitete als Juristin in der Bank und verdiente gutes Geld, hatte eine schöne Wohnung, sah lieblich wie eine Madonna aus und hatte eine ironischsprühende Distanz zu den Dingen. Aber scheinbar nicht zum »großen Meister«, von dem sie überdies ein Altersunterschied von 20 Jahren trennte.

Laura lud mich zusammen mit ihrem Sohn und dem *professore* nach Sferracavallo in ein sehr gutes Fischlokal ein. In diesem noblen Vorort von Palermo direkt am Meer hatten viele begüterte Familien ihre

Sommerresidenzen. Auch Orlando hat ein Ferienhaus dort, wo er allerdings nur wenige Stunden im Jahr verbringt.

Wir machten ein paar Schritte auf der Uferstraße, Wind und winterliche Wellen, festgebundene Kähne, Palmenrauschen aus der nächtlichen Dunkelheit der Villenvorgärten in festungsähnlichen Einzäunungen, dunkle Augen an den festverschlossenen Toren, die Alarmanlagen. Im Halbmondlicht leuchteten überall weiß die Mandelblüten, hoben sich mit dem Duft der ersten Mimosen vermischt gegen die steilen Hänge des Monte Pellegrino ab, der wie in einer paradiesischen Geste die »Goldene Muschel«, die fruchtbare Ebene umschließt, in der Palermo vor nun schon fast 3.000 Jahren gegründet wurde.

Die köstlich zubereiteten Meeresschätze wurden uns in immer neuen Formen, Dekorationen, Schüsselchen, Platten von wirklich freundlichen, in aufrechter Haltung servierenden Kellnern gereicht. Fast war ich geneigt zu glauben, daß in einer der Muscheln eine schwarze Perle für mich versteckt sei. Doch der *professore* gab den Rhythmus beim Essen vor, an den sich die Kellner hielten. In viel zu großer Eile trugen sie die Vorspeisenplatten weg, noch bevor ich auf Schatzsuche gehen konnte.

Zwischen dem sechsten und siebten Vorspeisengang sprachen wir über Goethe und seine Unterhaltungen mit einem »kleinen Handelsmann« in Palermo über die »Unreinlichkeit« der Stadt. Die Kommunikation zwischen Laura und mir war etwas beschwerlich, da ihr »Meister« und Verleger sich zwischen uns, »die beiden Damen«, gesetzt hatte. Sie versuchte, unsere Verständnisschwierigkeiten auf den Geräuschpegel ringsum im Restaurant zu schieben.

Goethe schrieb am 5. April 1787 in Palermo in sein Reisetagebuch: »... man fürchte, nach weggeschafftem misthaftem Geströhde werde erst deutlich zum Vorschein kommen, wie schlecht das Pflaster darunter beschaffen sei, wodurch denn abermals die unredliche Verwaltung einer anderen Kasse zutage kommen würde. Das alles aber sei, setzte er mit possierlichem Ausdruck hinzu, nur Auslegung von Übelgesinnten, er aber von der Meinung derjenigen, welche behaupten, der Adel erhalte seinen Karossen diese weiche Unterlage, damit sie des Abends ihre herkömmliche Lustfahrt auf elastischem Boden bequem vollbringen könnten.« (Goethe, *Italienische Reise*)

Laura stützte ihre These, daß sich in den letzten zwei Jahrhunderten in dieser Hinsicht nichts geändert habe und sich auch in den folgenden nichts ändern werde, durch einen Leserbrief mit entsprechender Antwort an das *Giornale di Sicilia* vom Oktober 1993. Der Schreiber beschwerte sich darin über die Müllsäcke und überquellenden Müllcontainer auf der Piazza Bologna und besonders um das Denkmal Karls des Großen herum, das sich gegenüber des Palazzo Riso befindet, der gerade frisch restauriert worden war. Der zuständige Mann der städtischen Müllabfuhr soll in derselben Zeitung vermittels bewundernswert akrobatischer Wortspiele zum salomonischen Schluß gekommen sein, daß es für dieses Problem keine Lösung geben könne.

Natürlich, räumte ich ein, wenn der Glaube an Naturgewalten und daraus hervorbrechende Wunder noch so unumstößlich sei wie zu Goethes Zeiten, als der pünktlich einsetzende Regenguß vor der Prozession zu Ehren der Stadtheiligen Santa Rosalia »Mäander auf dem Pflaster« freispülte, durch die sowohl die »langbekleidete Geistlichkeit als der nettfüßige Adel, den Vizekönig an der Spitze, unbehindert und unbesudelt durchschreiten konnten.« (Goethe, *Italienische Reise*)

Es ist natürlich sehr verlockend, die von Goethe angesprochene Abfallproblematik als Metapher für die Interpretation der palermischen Gesellschaft neueren Datums zu verwenden: der nicht wirklich, d.h. radikal beiseite geschaffte, der nicht verarbeitete Müll aus den einzelnen Haushalten (die Auseinandersetzung mit der eigenen Mafiavergangenheit), der einfach mitten auf die Straße geworfen wird. Dort wird der Müll der einzelnen zum großen Müllberg der Öffentlichkeit, und alle, auch die, die keinen Müll in die Öffentlichkeit werfen, vielleicht sogar gar keinen produzieren, werden als Antwort auf dieses unzivile Verhalten den Staub des getrockneten Mülls wieder zurückbekommen, die Anstrengung wird immer größer, sich dieses Staubs zu erwehren. Doch auch die, die keinen Müll auf die Straße werfen, machen sich schuldig, indem sie aus »Respekt« vor dem Nachbarn, der in Wirklichkeit Gleichgültigkeit gegenüber dem Gemeinwohl und der Gesellschaft ist, duldsam schweigen und sich nicht wehren. Und die Abfallschichten auf den Straßen, Überreste der schmutzigen Geschäfte, können ihre stinkende Herkunft zwar nicht verbergen, sind aber weich und den Machthabern, den Politbossen angenehm, um sich einfacher auf ihnen fortzubewegen.

Fest steht, daß dieser Sumpf weder durch den Zauberstab eines noch so aufgeklärten Magiers noch durch einfache Verordnungen und Gesetzesnormen von außen, auch nicht von den allermodernsten Verwaltungen, beseitigt werden kann. Allerdings, auch das muß gesagt werden, hatte ich bis dahin auf meinen eiligen Fahrten durch Palermo nicht *mehr* Müllsäcke neben den Müllcontainern auf der Straße liegen sehen als zum Beispiel in Florenz. Und ich konnte feststellen, daß doch abends die großen Straßenreinigungswagen ihre feuchten Runden zogen, genauso wie in jeder anderen italienischen Stadt.

Ich wußte, daß Palermo das Gehirn und die ausführende Hand so vieler unbeschreiblicher Gewalttätigkeiten war und ist, ein Kriegsschauplatz ohnegleichen, auf dem der durch die Mafia produzierte Reichtum als Nebenprodukt auch sehr große Armut erzeugt. Ich wußte auch, daß Armut oft keine idealistisch gezeichneten Grenzen gegenüber Leben, Ehre, Würde und Besitz des Nächsten kennt.

10. Unterwegs mit dem Bürgermeister

Ob er sich sicher oder unsicher in Palermo fühlt, diese Frage wird sich Orlando schon lange nicht mehr stellen. Als ich am Sonntagmorgen endlich zu ihm vordringen durfte, waren erst noch die realen Sicherheitsschranken zu überwinden. Obwohl der Morgen regnerisch war, war der Himmel nicht verhangen. Er kämpfte mit Winden aus dem Norden und ließ sie seine Nähe zu Afrika spüren. Das Meer verströmte Feuchtigkeit in der Luft.

Vor dem mehrstöckigen Palazzo in der Via Principe di Paternò stand ein großer Streifenbus der Carabinieri. Vor dem Gittertor hatte sich eine Gruppe junger bewaffneter Beamter mit Funkgeräten aufgebaut. Die armen Hausbewohner, dachte ich. Ich nannte meinen Namen, ließ mich von oben bis unten mustern. Ja, Orlando sei im Haus, seine Frau sei vor einer halben Stunde weggegangen. Es begann zu tröpfeln. Es dauerte eine ganze Weile, bis Orlando an der Gegensprechanlage antwortete. Natürlich störte ich ihn bei der Morgentoilette und wartete in der Diele. Die ebenerdige Wohnung war sehr gemütlich eingerichtet, jede Ekke, jede Wandfläche war wie ein Arrangement, Zeugnis eines bestimmten Zeitabschnitts gemeinsam verbrachten Lebens. Die Rokoko-Sitzbank vor der Glastüre zum Wohnraum war bis oben hin vollgeladen mit Büchern, Schriftstücken, Videokassetten. Obenauf lagerte das Buch von Michele del Gaudio *Il giudice di Berlino,* und unter Orlandos hingeworfenem Doubleface schaute die Programmschrift der *Lega Nord* aus der Feder ihres Parteiideologen Gianfranco Miglio hervor.

Auf einem japanischen Lacktischchen standen neben mehreren Schlüsselbunden die silbergerahmten Fotos von Eleonora und Leila, seinen Töchtern, die ich nicht zu Gesicht bekommen würde. Die erste schlief noch, schlief den ganzen heiligen Sonntag, da sie nachts sehr spät aus der Diskothek in Mondello zurückgekommen war. Leila war schon mit ihrem Verlobten, wie es italienisch heißt, oder, europäischer ausgedrückt, Freund, unterwegs. Beide, 20 und 18 Jahre alt, gehen auf das Gonzaga, das Jesuitengymnasium, das schon ihr Vater besucht hatte und das seinerzeit eine reine Jungenschule war. Eleonora bezeichnete in einem Interview mit einer italienischen Journalistin die Wahl dieses Eliteinstituts als eine frei von ihr getroffene und nicht von ihrem Vater beeinflußte Entscheidung. Im Gegensatz zu ihm sei sie jedoch kaum an den religiösspirituellen Aktivitäten im Schulbereich interessiert. Für sie sei das Gonzaga einfach eine sehr gute Schule. Hier werden nach wie vor die herrschenden Schichten »herangezüchtet«, denn wichtig ist in erster Linie, sich als »führend« zu fühlen. Genau dieses Elitebewußtsein verströmt jeder Stein und jede Schulbank in den Schulräumen, auch wenn es nicht mehr die ursprünglichen in der Villa Lisetta sind. Das Gonzaga befindet sich heute in einem neugebauten Gebäudekomplex.

Eleonora lobt die vielseitige Ausbildung, die ihr von den Jesuiten zuteil werde, die großartige Kommunikation zwischen Lehrern und Schülern und den Unterricht, der über die normalen Lehrinhalte hinausgehe. Gemessen am Standard der öffentlichen Schulen in Italien sind das sicherlich stichhaltige Kriterien für die Wahl einer solchen Schule – natürlich wenn die materiellen Voraussetzungen für das Schulgeld vorhanden sind.

Beeindruckend sind Eleonoras Worte über die Toleranz, die in der Schule herrsche, denn für jeden sei es möglich, eigene, individuelle Standpunkte zu vertreten: »Als ich zum ersten Mal bei der Schulleitung um Erlaubnis nachfragte, an einer Friedensdemonstration teilnehmen zu dürfen, wurde mir diese verweigert. Gemeinsam mit einigen Mitschülern bin ich trotzdem hingegangen. Und was ist danach passiert? Nichts, rein gar nichts. Der Schulleiter hat uns zwar gerufen und ein bißchen Theater gemacht, aber bestraft hat er uns nicht.« (Salemi, *Ragazzi*, S. 90)

Was die Disziplinierungsverfahren in dieser Schule angeht, hat sich einiges gebessert. Zu Orlandos Zeiten gab es da noch Ohrfeigen, stundenlanges Knien auf Kreidestückchen hinter der Tafel, psychologischen und ideologischen Leistungsdruck. »... und wehe, wenn einer nicht auf der weißen Linie (im Gang) entlangging ... ein Pflichtbewußtsein, das immer an Terror grenzte.« (Salemi, *Ragazzi,* S. 90)

Nicht viel hat sich dagegen an der Zusammensetzung der Schülerschaft des Gonzaga geändert. Damals wie heute haben die Kinder der Politiker, der Unternehmer, der Mafiabosse dort ihre Stammplätze.

Mein Blick schweifte in der Orlandoschen Wohnung über die Perserteppiche in den Garten, von dem ein Stück durch die Terrassentür zu sehen war. Viel Grün, regennasses Moos unter Bäumen und Sträuchern verschiedenster Art, die Bougainvilleen waren noch blütenlos, doch unter der großen Palme sah ich leuchtend blaue Hyazinthen. Wie oft er da wohl lustwandeln mag? Selten sicherlich.

Orlando kam aus dem »Privatteil« der Wohnung, das Wasserrauschen war verstummt. Er war keineswegs ausgeschlafen, doch frisch rasiert und mit schweren Tränensäcken unter den kohlschwarzen Augen. Er schaute mich an, als wäre ich ein Mahnmal für Pflicht und Arbeit. Wir setzten uns auf die geblümten Sessel. Orlandos Stimme war nachtdunkel, er telefonierte von einem der klassischen schwarzen Telefonapparate mit schwerem Hörer, in denen die Worte noch ihr besonderes Gewicht haben. Orlandos Schreibtisch in einer halbabgeschirmten Ecke des Raums hinter saftigen Topfpflanzen ist einer der klassischen Sekretäre aus dem 18. Jahrhundert mit vielen Schublädchen. Insgesamt und wohltuenderweise schien dies kein hypermoderner Haushalt zu sein.

Es klingelte an der Wohnungstür. Manlio Mele, der Bürgermeister des mafiaverseuchten Städtchens Terrasini vor den Toren Palermos, wollte mit Orlando sprechen. Auch er ist RETE-Mitglied und Abgeordneter im sizilianischen Landtag. Auch er ist wie Orlando mit absoluter Mehrheit und in einem einzigen Wahldurchgang zum Bürgermeister gewählt worden. Er war hochgradig besorgt, denn ihm und der Kommunalverwaltung wurden große Steine in den Weg gelegt. Orlando schnaufte hörbar. Diese Hindernisse, so Mele, kämen von seiten der Mafia, vielleicht auch von den politischen, mafiaunterstützten Machthabern. »Das wissen wir nicht so genau.«

Meiner Meinung nach wußte er es ganz genau. Über diese Schwierigkeiten und den alarmierenden Stand der Dinge hatte er tags zuvor in einer Pressekonferenz gesprochen und dort bekanntgemacht, daß derzeit eine wahre Verleumdungskampagne gegen die Kommunalverwaltung im Gange sei. Bei der Staatsanwaltschaft gingen in lawinenartigen Mengen Strafanzeigen wegen Verfilzung von Mafia und Gebietsverwaltung ein. »Aber wir haben natürlich nichts Schlechtes getan, das ist ja klar! Und rein technisch gesehen – wie hätten wir das auch schaffen können, in so kurzer Zeit, wir haben ja erst vor einem Monat unser Amt und unsere Verwaltungsposten angetreten«, fügte Mele hinzu, als wäre seine Integrität das Selbstverständlichste der Welt. Ziel dieser Anzeigen sei es, die Stadtverwalter zu »Kamikaze-Kämpfern« zu machen, sie dazu zu bringen, sich vor der Staatsanwaltschaft und den Gerichten in einem Akt purer Selbstzerstörung bloßzustellen.

Um das zu vermeiden, schreien sie jetzt noch lauter um Hilfe, um die Aufmerksamkeit der gesamten Öffentlichkeit auf sich zu ziehen, um die Präsenz des Staates in diesen gottverlassenen Ortschaften herbeizuzwingen. Denn die Mehrheit der Bevölkerung, und das sind die Ehrlichen, ist es leid, sich von den zahlenmäßig geringen Elementen der Mafiawelt, »Einzelpersonen«, beherrschen zu lassen. »Die Realität von Terrasini ist keine Mafiarealität.« Die palermische Bevölkerung hat mit dem Kampfmittel – und dabei schaut er auf Orlando und meint auch ihn –, das sie zur Verfügung hatte, die Kraft gefunden, die Situation zu ändern … »Vor ein paar Tagen hat eine schöne, beeindruckende Veranstaltung in Corleone – wo die Wiege der Mafia steht, Trutzburg des Mafiabosses Toto Riina – stattgefunden. Die gesamte Bevölkerung war anwesend und viele Bürgermeister aus verschiedenen italienischen Städten.«

Mitte März war Corleone mit seiner frisch nach Falcone und Borsellino benannten *piazza* erneut Schauplatz einer Versammlung von beeindruckender Größe. Das Arbeitsamt von Palermo hatte dazu aufgerufen, wachgerüttelt vom Gewerkschaftsvorsitzenden Bruno Trentin, der zum Kampf gegen den heftig steigenden Rechtstrend blies. Ungefähr 20 Bürgermeister der umliegenden Gemeinden, einschließlich Leoluca Orlando, waren mit Trikoloren geschmückt zugegen. Und natürlich alle Parteimitglieder der fortschrittlichen Parteien (RETE, Progressive Liste).

Die Mafia hatte einige Tage zuvor eine Bombe unter das Auto eines Bürgermeisters aus den Reihen der Progression gelegt und einen Kalbskopf an seine Haustür gehängt. Doch diese Bedrohung hat dieses Mal nicht die altbekannte Lähmung durch den Schrekken hervorgerufen. Die Bevölkerung hat Geld gesammelt, um dem Bürgermeister ein neues Auto zu kaufen. Der Kommentar zu dem Kalbskopf lautete: »Was wollen die denn noch damit sagen? Jetzt fangen sie schon an und imitieren Szenen aus dem Film ›Der Pate‹.« (Il Manifesto, 20. März 1994)

Das Gefühl, daß ein radikaler Veränderungsprozeß im Gang ist, verwandelt sich in konkrete Hoffnung angesichts der zahlreichen Bewegungen, der Jugendgruppen, der Selbsthilfeorganisationen, der Widerstandsgruppen gegen die Mafia. Auch Manlio Mele glaubt an die Macht der Massen, die einzige Hoffnung.

Orlando kam von einem erneuten Telefonanruf zurück und ließ sich schwer in den Ohrensessel fallen. »Ich bin fix und fertig.« Die Atmosphäre vager Hoffnungen seines Parteifreundes Mele ließ er schnell verrauchen, denn seiner Meinung nach werden noch »sehr viele andere Denunziationen« gegen Mele und seine Kommunalverwaltung eintrudeln. Meles Absicht war deshalb, das Stadtparlament aufzulösen und dem Staat die Trümmer vor die Füße zu werfen: »Allein schaffen wir es nicht.« Endlich sprach Orlando deutlich aus, was Sache ist: »Es ist ein neuer Mafiakrieg im Gange – das hat auch der Chef der Carabinieri gesagt –, denn die zwei Mafiafamilien, die sich in Terrasini das Territorium streitig machen, bedienen sich in altbewährter Weise der offiziellen Machthaber. Und wenn diese in Gestalt des Bürgermeisters z.B. der einen Familie einen Schlag versetzen, ihre Machenschaften auffliegen lassen, die Justiz dazu bringen, sie einzusperren, dann tun sie damit der anderen Seite einen Gefallen. Deshalb ist die Position des Bürgermeisters in diesem Balanceakt von jahrhundertealter Tradition so gefährlich. Er steht zwischen den Gewinnern auf der einen und den Verlierern auf der anderen Seite. Das ist das Dramatische dabei: Wendet er das Gesetz an, macht er sich immer zum ausführenden Arm der Mafia.«

Manlio Mele brauchte Orlandos Rat, brauchte etwas von seinem Esprit, mit dem er seine knallharten Sentenzen laut herausschreit, wie es am Tag zuvor auf einer Pressekonferenz geschehen war. Doch geht es Orlando nie nur um Mafiaclans und deren Machtkämpfe, sondern um die Mächtigen aus den Bereichen der offiziellen Politik, die sich elegant hinter den Clans verstecken und aus grauen, undurchdringbaren Schattenreichen heraus die Fäden in der Hand halten. *Das* sind

Orlandos historische Momente, wenn er die Identität der grauen Eminenzen erkannt hat und sie beim Namen nennt, um sie aus ihrem schützenden Dunkel herauszuzerren. Das Dossier zu den Wahlclubs der *Forza Italia* (s. S. 81) ist nur ein Beispiel für Orlandos unerschrockene Aufdeckungen.

In diesem Moment kam Orlandos Frau mit einem Arm voller Zeitungen zurück. Milly Lupo ist so alt wie ihr Mann, den sie 1969 geheiratet hat. In diesem Jahr war er von seinen Auslandssemestern an der Juristischen Fakultät Heidelberg nach Palermo zurückgekehrt und begann seine Laufbahn als Rechtsanwalt und Universitätsdozent. Aus jener Zeit stammt das Gerücht, daß Orlando mit fliegenden Fahnen aus Deutschland nach Palermo zurückgeeilt sei, weil seine Angebetete, die er schon seit den Zeiten des Gymnasiums kannte, von einem anderen Verehrer ernstgemeinte Anträge bekam. Gerne hätte ich sie danach gefragt. Doch war ich schon froh, sie überhaupt zu Gesicht zu bekommen. Das ihrige war freundlich, klarlinig, ungeschminkt und offen. Es zeigte die natürlichen Spuren eines Lebens, das ich nur erahnen konnte, das aber auch in wenigen Gesten und knappen Worten deutlich wurde. Es fröstelte sie, die frische Regenluft sprühte aus ihrem halblangen, kastanienbraunen, mit hellgrauen Fäden durchzogenen Haar. Sie drückte ihrem Mann die Zeitungen in den Arm und schüttelte mir die Hand. Sie hatte einen festen Griff. Sie streifte den Regenmantel ab und eilte in die Küche, um Kaffee zu kochen. Sicherlich war sie früher recht schlank gewesen. Inzwischen versteckte sie ihre Fülle in dunklen, unauffälligen Gewändern. Ihre Stimme war angenehm, hatte nichts mit dem kreischigen, falsch-förmlichen Ton bestimmter Damen aus der »besseren« Gesellschaft zu tun.

Sicherlich bestand und besteht Millys Anteil an Orlandos politischem Projekt nicht nur, wie Orlando sagt, »in der vielen Zeit, den vielen Stunden, den vielen Tagen, die ich fern von ihr und meinen Töchtern verbracht habe und die eigentlich ihr gehört hätten...«, sondern in kritischen Auseinandersetzungen, Stellungnahmen, Anregungen, Ideen, Inspiration.

Als 1987 der Palermer Gemeindeausschuß schon auseinandergebrochen und Orlando zum Rücktritt gezwungen war, sah er sich in einem echten Gewissenskonflikt: Zu seinen akademischen Tätigkeiten zurückzukehren »wäre einer Niederlage gleichgekommen wegen der Dinge, an die ich glaubte und die ich so verraten würde. Schon bei der Vorstellung, daß ich nicht mehr Bürgermeister sein würde, schien meine Frau aufzublühen; und meine Töchter fragten mich mit leuchtenden Augen: ›Also Papa, wann ist es soweit, daß du nicht mehr Bürgermeister bist?‹ Aber zahlreiche Leute mit den unterschiedlichsten politischen Überzeugungen – integre, ehrliche, einfache Personen – sagten zu mir: ›Nicht aufgeben. Wenn du heute aufgibst, wird ein anderer Bürgermeister morgen ebenfalls aufgeben müssen. Und wenn du jetzt von der Bühne abtrittst aus welchem Grund auch immer, werden die Leute denken, daß die Mafia dich zu diesem Schritt gezwungen hat.‹ Meine Frau, die eine spartanische 68erin geblieben ist, insistierte: ›Du bist verrückt, wenn du glaubst, daß eine politische Klasse wie diese auf lange Sicht einen Bürgermeister tolerieren kann, der nicht eine Marionette der Parteien ist. Du wirst dein Leben aufs Spiel setzen, aber du wirst nichts erreichen. Auf diese oder jene Weise wirst du immer ein

Bürgermeister sein, den man beiseite schaffen will. Du wärest außerhalb der Machtsphäre für die Gesellschaft sehr viel nützlicher‹.«

Wenn er dann aufzählt, was er alles *nicht* für seine Familie tut, keine Zeit für sie hat, ihnen keine Aufmerksamkeiten wie Geschenke zu Geburtstagen oder Hochzeitstagen zukommen läßt, keine Gemeinsamkeiten, Freunde, Interessen, Hobbys mit ihnen teilt, dann fragt man sich, woher er eigentlich das Vertrauen in die Beständigkeit seiner Ehe nimmt. Selbst vereinzelte kurze Urlaubszeiten im Ausland sind von für normale Familien ungewöhnlichen Ritualen geprägt: getrennte An- und Abreise, Milly mit den Töchtern in einer Reisegruppe, am Ferienziel dann fast heimliche Zusammenkünfte mit dem Ehemann und Vater.

Die Entfremdung hat dennoch nichts mit Gleichgültigkeit zu tun. Das zu beweisen, gäbe es zahlreiche Episoden aufzuführen. Eine davon stammt aus dem Jahr 1989, die Weihnachtspause stand bevor. Orlando war immer noch Bürgermeister, doch der »Palermer Frühling« neigte sich schon seinem Ende zu.

»Meine älteste Tochter Eleonora, damals 16 Jahre alt, rief mich unerwartet im Rathaus an, was sie normalerweise nie tat. ›Ich habe den Auftrag für die Zeichnung eines Plakats bekommen‹, teilte sie mir mit.

Sie war knapp 16 Jahre alt, und bis zu diesem Moment wußte ich nicht einmal, daß sie gut im Zeichnen ist. Und nicht nur das, zusammen mit einer Freundin hatte sie ein richtiges kleines Grafikstudio eingerichtet.

›Gut! Ich freue mich für dich.‹

›Ich habe einen Auftrag von der Jugendvereinigung der republikanischen Partei bekommen. Kann ich ihn annehmen?‹

›Warum fragst du mich das?‹ antwortete ich etwas verlegen, ja erschüttert, weil ich mit meiner eigenen Tochter am Telefon über etwas sprach, worüber ich aus Zeitmangel noch nie mit ihr diskutiert hatte.

›Weißt du, Papa, ich frage dich das, weil ich weiß, daß sie deine Feinde sind. Kann ich also diese Arbeit annehmen?‹

›Aber klar kannst du das machen.‹

›Danke, Papa, danke‹, und hastig legte sie den Telefonhörer auf. Für dieses Plakat haben sie ihr dreißigtausend Lire bezahlt.

Während ich völlig verwirrt den Hörer langsam sinken ließ, dachte ich sofort: Was kann sie denn anderes von einem Bürgermeister-Vater erwarten als Gewalt? Von mir hat sie nicht einmal eine simple Einladung ins Kino oder zu einer Pizza bekommen, um ein bißchen miteinander zu reden. Was für ein Recht soll ich denn eigentlich haben, ihr einen persönlichen Erfolg zuzugestehen? So beschloß ich, daß ich sofort handeln mußte. Und Weihnachten war dafür die beste Gelegenheit.«

Als »Wiedergutmachung« hatte Orlando der vernachlässigten Familie zu Weihnachten einen Kurzurlaub im Aostatal gegönnt. Doch der Familienfrieden, die gemütliche Weihnachtsstimmung wurde, diesmal allerdings unbeabsichtigt, wieder von der öffentlichen Funktion des Vaters zerstört. Denn plötzlich klingelte es gegen Mitternacht am Gartentor, und jemand verlangte an der Gegensprechanlage nach Orlando. Vom Fenster aus erspähten sie einen einzelnen Mann. Von den Leibwächtern war keine Spur zu sehen. Orlando ließ sich verleugnen, und die Angst kroch in alle Ecken der Skihütte und blieb dort, auch als der Mann gegangen war. Leila, die jüngste Tochter, bot sich kühn und wagemutig an, nach den Leibwächtern zu suchen.

Zusammen mit der Mutter ging sie dick vermummt in die eiskalte Nacht. Sie kehrten mit den Bodyguards zurück. Wie sich später herausstellte, war der mysteriöse Mann am Gartentor nur ein Ortsfunktionär der christdemokratischen Partei gewesen, der Orlando persönlich seine weihnachtlichen Glückwünsche hatte überbringen wollen.

»Leila ... schlief (nach ihrer heroischen Tat) sofort in ihrem großen Bett ein; so war die Weihnachtsnacht zu Ende gegangen und auch einer der unzähligen Gewalttakte, die ich mit meinem Leben meinen Töchtern antue.«

Am Nachmittag, als ich mit Orlando noch einmal eine kurze Zwischenstation zu Hause machte und die Sonne endlich ganz durch die Wolken gebrochen war, spielte das Ehepaar Orlando-Lupo ein bißchen Theater für mich: Leoluca hatte sich mit der Lesebrille auf der Nase in seine Schreibtischecke verzogen und seinen unglaublichen Terminkalender, ein winziges ledergebundenes Büchlein, hervorgezogen, um Zettel, Einladungen und sonstiges entweder als erledigt in den Papierkorb zu werfen oder als »noch zu erledigen« in den verschiedenen Fächern des Schreibtisches abzulegen. Milly hatte mir in der Zwischenzeit eine köstliche Thunfischpastete, lachsbelegte Cracker und ein Glas Rotwein offeriert. »Die hat meine Mutter gemacht. Sie wohnt im selben Haus, drei Stockwerke über uns. Das ist der Vorteil, wenn man die eigene Mutter in erreichbarer Nähe wohnen hat. Gestern war ein Familienfest, bei dem ich wegen anderer Verpflichtungen nicht zugegen sein konnte. Aber sie haben mir etwas übriggelassen!« sagt sie strahlend. Ich ließ mir alles genüßlich auf der Zunge zergehen, doch nicht allzu langsam, denn plötzlich konnte ich feststellen, wie leer mein Magen eigentlich war.

Orlando schaute über den Brillenrand und bat Milly mit einer für mich ganz neuen Stimme, für ihn doch noch mal den Sowieso anzurufen. Ob sie die Nummer wisse. Aber natürlich, antwortete sie langgezogen, provozierend deutlich. Orlando nahm die Brille von der Nase und meinte: »Ich mach's ja schon selbst«, und beide lachten herzlich. Milly erklärte mir sofort, daß er sie nie um so etwas bitte und das Ganze meinetwegen aufgezogen habe. So freute ich mich über ihre Selbstironie und konnte dahinter eine erstaunlich lebendige Beziehung zwischen beiden vermuten – obwohl sie allen Daten und Fakten zufolge ja eigentlich nur nebeneinander herleben und keine Kommunikation zwischen ihnen stattfinden kann.

Zum Schluß war es dann Milly, seine Frau, die gerne noch weiter mit mir reden wollte! Keine Spur von Schweigepflicht, die ihr durch des Ehemannes öffentliche Rolle auferlegt worden wäre. Nein, sie war geradezu neugierig zu erfahren, wo wir gewesen waren, was wir gesehen und erlebt hatten. Aber das war keine Neugierde um ihrer selbst willen, sondern ein Zeichen dafür, daß sie sich doch noch nicht ganz in das Schicksal gefügt hat, ihren Luca mit der Politik zu teilen, die sich wie eine toll gewordene, rasende, besitzergreifende Geliebte gebärdet.

Die Entscheidung Orlandos, seine Familie ein von seinem völlig losgelöstes Leben führen zu lassen, war und ist sicherlich zum großen Teil von der Angst um sie bestimmt, von der ständig vorhandenen Gefahrensituation, die sich mit ihnen zusammen vervielfachen würde.

Die Rolle der Hausfrau war Milly Lupo schon von ihrer Herkunft vorgegeben, denn im Sizilien der 60er bis 70er Jahre war es noch nicht so weit her mit der wirklichen Emanzipation der Frauen. Dies galt vor allem für Frauen aus gutem, vermögendem Hause – wie Milly Lupo. Für sie wurde zwar eine gute Ausbildung angestrebt, die auf breites Allgemeinwissen ausgerichtet war, nicht aber eine qualifizierte Berufsausbildung mit anschließender Karriere. Denn – und das ist nicht nur im Süden des Landes teilweise noch herrschende Meinung in konservativen Kreisen – was eine echte »Signora« ist, die braucht nicht zu arbeiten!

Leider hatte ich keine Gelegenheit, diese Thematik mit Milly anzugehen – denn wir mußten uns beide nach Orlandos Rhythmus richten, und das hieß: Eile, Hektik, gleichzeitig an verschiedenen Orten sein.

Das »Gleichzeitig-an-verschiedenen-Orten-sein« habe ich an diesem Sonntag in einer ganz und gar nicht sonntäglich verschlafenen Stadt mit ihm zusammen erleben dürfen. Und ich betone dürfen: Denn noch am Abend zuvor sah alles ganz hoffnungslos aus. Da war ich bei strömendem Regen in die Villa Niscemi in die Nähe des Stadions geeilt, wo Orlando sich mit mir, einigen Journalisten und anderen Personen in halbprivater Form treffen wollte. Die Villa Niscemi ist ein wunderschönes Anwesen aus dem 18. Jahrhundert, ehemaliger Feriensitz der bourbonischen Herrscher. Dahinter erstreckt sich der herrliche Park La Favorita. Die Stadt Palermo hatte das Haus 1987 auf Orlandos Betreiben hin der Prinzessin Valguarnera, die es bis dahin bewohnt hatte, für ungefähr fünf Milliarden Lire abgekauft. Die kostbare Einrichtung ist in der Villa geblieben. Die Prinzessin hatte sich von dem Erlös eine luxuriöse Dachwohnung in Manhattan gekauft, ein von ihr seit langer Zeit gehegter Traum ging damit endlich in Erfüllung. In den Dachgeschossen sollen, so Orlando, prächtige Ausstellungen stattfinden. Die Ställe waren völlig heruntergekommen. »Die habe ich von einer Bank restaurieren lassen, die darin eine Konferenz abhalten wollte.«

Als ich suchend eine der großen Treppen nach oben stieg, dachte ich, in ein verwunschenes Schloß gekommen zu sein. Es war kein Laut zu vernehmen. Erst im zweiten Stock sah ich einen schwachen Lichtschein, öffnete eine riesige Tür und fand mich in einem prächtigen Saal mit Kamin und prasselndem Feuer wieder. Journalisten standen hier und in den anderen Räumen herum. Ein Aufseher in Livrée legte Holz nach. Es war wie im Märchen, kurz vor der Audienz des Königs. Doch, herrje, nach gut zwanzig Minuten kam ein Anruf: Orlando werde eine Stunde später kommen. Ein Raunen der Enttäuschung ging durch die Säle. Und kurz darauf ein zweiter Anruf: Orlando werde gar nicht mehr kommen. Probleme mit der Sicherheit, er könne heute nicht mehr außer Haus. Zu deutsch: Es soll Anschlagsdrohungen gegen ihn gegeben haben. Irgend etwas stimmt hier nicht, dachte ich.

Als ich Orlando am nächsten Morgen auf diese Drohungen ansprach, war er erst verdutzt, fing sich aber schnell wieder und sagte mit vager Gestik: »Unmengen von Drohungen«. Er hat mich bewußt falsch verstehen wollen, als hätte ich gefragt, ob er überhaupt viele Morddrohungen erhalten habe. Als Entschuldigung, um das Treffen in der Märchenvilla abzusagen, hatte diese Story jedenfalls funktioniert.

Und los ging die Fahrt neben Orlando, in die Rücksitze eines dunkelblauen Alfa Romeo gepreßt. Die schwere, gepanzerte Wagentür wurde vom Fahrer mit Sonnenbrille zugemacht. Vor und hinter uns die

Begleitschutzwagen, die Maschinenpistolen auf den Beinen, die Pistolen in den Rückenhalftern deutlich erkennbar. Kein Beruf wie jeder andere. Es folgte eine rasante Fahrt auf der Freispur, die auch diesmal tatsächlich vom Normalverkehr für öffentliche Verkehrsmittel und Rettungswagen freigehalten wurde. Orlando begann sofort, auf dem Autotelefon Nummern zu wählen, die aber alle besetzt waren. Nach knapp zehnminütiger Fahrt waren wir am Ziel. Der Alfa fuhr in den unscheinbaren Hof eines zwölfstöckigen Mietblocks hinein. Mit dem letzten Schwung nahm er eine Rampe und stoppte schließlich vor einem Gebäude, das einer Großgarage glich. Vor seinem Eingang tummelten sich Neugierige. Kinder mit glänzenden Augen winkten schüchtern. Wir stürzten aus dem Auto, und aus dem Innern drang ein Schwall warmer, fast glühender Luft. Kein Wunder. Die riesige Tiefgaragenhalle ist der Sammlungsort, die Kultstätte der evangelischen Kirche von Palermo, und auf jedem verfügbaren Zentimeter stand oder saß jemand, hielt Kinder in den Armen, führte Gebrechliche herein, rollte den Rollstuhl eines Querschnittsgelähmten an eine Stelle mit günstiger Sicht auf den Altar.

Wir eilten auf dem roten Sisalteppich zu den Stühlen der Ehrengäste vor dem mehr als nüchternen und schmucklosen Altar.

Der jugendliche, bärtige Pfarrer ist mitten in der Predigt, der Raum nicht nur voller Menschen, sondern die Luft vor lauter Vibrationen zum Schneiden dick. Der Vermittler von Gottes Wort spricht laut, einhämmernd. An der richtigen Stelle singt die Gemeinde fast beschwörend »Amen«, wieder und wieder. Die Fernsehkameras surren. Er belehrt seine Gemeindemitglieder, daß Christi Opfer am Kreuz den Menschen Gott näherbringen, erkennbar machen sollte, daß die christliche Religion nicht bedeute, an ein fernes Wesen zu glauben, sondern eine persönliche Beziehung zwischen Gott und dem einzelnen Menschen ist. »Amen«. Laut, fast verzückt, und alle strecken die Arme von sich und kehren die Handinnenflächen zum Himmel, der hier nur eine blaugestrichene Garagendecke ist, und erwarten, daß der Heilige Geist herniedersteigt, sich in ihren Händen sammelt und sie durchdringt. Und um diese persönliche Beziehung zu schaffen, spreche Gott immer nur durch den Mund einer Autoritätsperson – des Familienvaters, des Staatsoberhauptes, des Landesfürsten, dröhnt der Pfarrer von der Kanzel auf die andächtige Masse nieder. Diese Interpretation des Wortes Gottes ist natürlich die Überleitung zur Ansprache, die Orlando von der Kanzel aus hält. Das grenzt schon an Demagogie, denke ich.

Orlando stand dem Pfarrer in Sachen Rhetorik nicht nach und hob die ökumenische Bedeutung seines Kirchenbesuchs hervor. »Wir haben ein und denselben Gott, ein und dasselbe Licht, das am Anfang unseres Erdenwegs stand und uns an dessen Ende wieder erwartet. Obwohl Sonntag ist, bin ich heute morgen nicht in meine Gemeinde gegangen, weil ich wußte, daß mein Gebet zusammen mit dem eurigen Gottes Ohr genau so stark erreichen wird. Wir sind alle Christen! Amen.« Die Masse wogte und schrie ihr Heilsbedürfnis hinaus. Der interessantere Teil seiner Kanzelrede war nicht die des Christen Orlando, sondern die des Bürgermeisters:

»Als Bürgermeister dieser Stadt wiederhole ich vor euch allen noch einmal: Die Stadt steht in eurer Schuld, weil dieser Ort hier nicht euer Kultort sein dürfte. Ihr solltet einen anderen, einen besseren Ort der

Sammlung und Begegnung haben.« Das Klatschen setzte genauso pünktlich ein wie das Amen. »Deshalb möchte ich an dieser Stelle noch einmal unser Versprechen bestätigen, daß wir euch einen besseren, einen bequemeren Raum zuweisen werden. Keinen *schöneren*, denn schöner als dieser hier kann kein anderer Raum sein!«

Die Gemeinde klatschte, gellende Freudenschreie, alle erhoben sich, ein ekstatisches Halleluja. »Er ist schön wegen eures Lächelns, eurer Freude, eures Glaubens. Laßt mich ein Beispiel die Werte betreffend bringen, die sich vom Glauben unterscheiden. Dazu fällt mir die Musik ein, auch die Musik ist ein Weg, der zu Gott führt, und im besonderen erinnere ich mich an den Film eines deutschen Journalisten – deutsch, wie die Journalistin, die heute unter uns weilt.« Die Leute reckten die Hälse und schauten mich von allen Seiten an. Am liebsten wäre ich in meine große schwarze Tasche geschlüpft. »... Die mich begleitet und den gleichen Glaubensweg hat wie ihr, eurer Religion angehört, so betet wie ihr!« Ein herzliches Amen drang mir mitten durchs Herz.

»Dieser deutsche Journalist merkt, daß das bekannte Teatro Massimo unserer Stadt seit vielen Jahren geschlossen ist. Doch jedesmal, wenn er daran vorbeigeht, dringt dennoch Musik aus den Mauern, und ein Chor singt. Da fragt er den Wärter, warum um Himmels willen das Theater immer geschlossen sei und ob er es ihm nicht aufschließen könne. Der Wärter ist ob der zahlreichen, immer gleichen Fragen und Bitten verärgert und denkt im stillen: ›Wenn ich's recht bedenke, könnte ich das Theater an die Amerikaner verkaufen, denn Musik machen wir ja so oder so!‹«

160

Und die Gemeinde war's zufrieden, und wir machten einen eiligen Rundgang im hinteren Teil der Garagen-Kirche durch eiskalte »Klassenzimmer«, die wie Luftschutzbunker oder geweißelte Kellerräume wirkten und für den Unterricht der Sonntagsschule dienten. In jedem Raum begrüßten uns erwartungsvolle Kleinkinder und aufgeregte Lehrerinnen, deren Wangen so rot wie ihre geschminkten Lippen waren. Orlando kniete sich inmitten einer Gruppe der Allerkleinsten nieder, Fotoapparate klickten, und er lud alle ins Rathaus ein. Ich stellte mir einen langen Kinderumzug vor, der würdevoll die Treppen des Rathauses hochsteigt.

Schon saßen wir wieder im Auto und rasten mit viel Reifenquietschen durch die Innenstadt, wo jetzt mehr Verkehr herrschte als zuvor. Wir parkten am Anfang der Piazza Bologna, die heute in »Platz der Ideen« umgetauft worden war – eine eintägige Veranstaltung, der Kunst und dem Kunsthandwerk gewidmet. Drei Gruppen zeichneten für diese Veranstaltung verantwortlich: die »Gruppe Freier Bürger«, der »Zirkel Bürgerliche Gesellschaft« und »Palermo Jahr Eins«.

Ich war beeindruckt. Gerade die letztgenannte Bürgerinitiative hat mit der Wahl ihres Namens Orlando einen Kredit eingeräumt, wie er ihn bis dahin von niemandem bekommen hat. Sie rechnen wieder mit ihm, sie wissen, daß er sie braucht und sie ihn brauchen, um eine menschenwürdige, zivilisierte Gesellschaft zu verwirklichen.

Die Atmosphäre war bunt, heiter und ungeheuer lebendig. Überall war Hoffnung zu spüren, die Luft war voll davon. Die Studenten der *Accademia delle Belle Arti* hatten in wilden Farben street-art-Fahnen bepinselt, ein Männerchor sang ein gemessenes Lied. Die zarten Gefäße am Stand der Porzellanmaler drohten von der geballten Energie zu zerspringen, die sich wogenartig von der Menschentraube um Orlando aus über den ganzen Platz verbreitete.

Ich hatte das Gefühl, hier *geschieht* tatsächlich etwas, hier wird keiner Form gehuldigt, keinem Zweckdenken gefrönt, werden keine Worte hingehaucht. Und die Menschen waren freundlich, voll echter Herzlichkeit. Und das war keineswegs so, weil ich in Begleitung von Leoluca Orlando war. Nein, dieses Empfinden hatte ich, als ich ganz allein meinen Rundgang über den Platz machte.

Wieder zurück in Orlandos Runde, zwischen einem Batikstand und dem Stand für antike Buchbindekunst, stand plötzlich Giuseppe Ayala vor uns. Er war sehr lang, sehr mager und hatte edle Gesichtszüge. Hocherfreut schüttelte er mir die Hand, ohne zu wissen, wer ich war.

Ayala war einer der Staatsanwälte im Prozeß gegen die Mafia von 1986. Er schien das Gegenstück zu Orlando zu sein, auch nach außen hin. Ein Mann, dem das mondäne Leben liegt, ein lebenslustiger Partygänger, beharrlicher Pokerspieler, Fußballfan des Palermer Vereins. Orlando drückte ihm die Hand, murmelte einige Sätze, die im Gewoge untergingen. Das Spannungsfeld zwischen beiden war fast mit bloßen Händen greifbar. Auch Ayala hatte seine Eskorte dabei, die ihm immer schon hinderlich gewesen war, ihm, der sich so gerne aufs Motorrad schwingt und durch die Lande braust.

Ich dachte an den öffentlichen Briefwechsel zwischen Orlando, dem RETE-Vorsitzenden, und Ayala, der in der Parteibewegung »Demokratische Allianz« engagiert ist und der Republikanischen Partei nahesteht. Zwei Freunde, die sich gegenseitig die ideologischen Positionierungen ihrer jeweiligen Partei streitig machen. Oder schlimmer noch, die sich gegenseitig des Totalitarismus anklagen. Der an die gesamte italienische Linke gerichtete Briefwechsel war jedoch in höchst ziviler Form gehalten, so daß er als Ausdruck demokratischer Dialektik gelten konnte. Die eigentliche Polemik war in subtilere Sphären verrückt worden.

Ayala, andernorts befragt, was die Mafia heutzutage denn sei, antwortete: »Eine kriminelle Lobby, die jedoch autonom ist und ihre Autonomie verteidigt. Sie kontrolliert schärfstens ihr Herrschaftsterritorium, ihr Aktionsfeld, von dem Palermo sicherlich den wichtigsten Teil darstellt. Sie hat eine potente militärische Struktur; ihr Wirtschaftsimperium ist auf dem Drogenhandel aufgebaut. Im Vergleich zur alten Mafia ist sie wesentlich gewalttätiger. Die Pistole wird auch bei geringfügigen Anlässen gezogen, anstatt auf alte Methoden wie Überredung oder Erpressung zurückzugreifen. Während früher eine Art ›demokratische Organisation der Mafia‹ existierte, die auf dem Zusammenschluß verschiedener Familien basierte, ist dieses Modell heutzutage durch eine ›Mafiadiktatur‹ ersetzt, die zur Zeit in der Hand der Corleonesi ist. (…) Der italienische Staat, die zentrale Macht, hat sich seit der Einheitsbewegung gegenüber der Mafia immer schon und ausschließlich auf Verteidigungsposten befunden – wie eine Fußballmannschaft, die ins Feld geht und hofft, daß das Spiel wenigstens unentschieden ausgehe. Cosa Nostra hat nicht die Gegner, die sie verdient.« (Deaglio, *Raccolto,* S. 83-84)

Ayala ist heute nicht mehr Staatsanwalt. Auch er wurde Opfer der vielen bösartigen Gerüchte aus der Gerüchteküche des palermischen Justizpalastes, der zu Recht den Spitznamen »Giftpalast« trägt.

Die Besucher der Piazza Bologna drängten sich immer enger an die beiden Stars, und ihre Beschützer wurden sichtlich nervös. Ayala verabschiedete sich rasch, warf mir einen freundlichen Blick zu, eine leichte Verbeugung, ganz der Mann von Klasse, und »*arrivederci*«! Das Geschiebe ging weiter. Kurz vor Orlandos dunkler Limousine stellte sich ihm eine Frau mittleren Alters mit strahlendem Lächeln entgegen: »Luca, endlich!« und sie begrüßten sich mit Wangenküssen. Sie drang auf ihn ein, umarmte ihn mit ihren Worten. Sie habe sich das Ganze jetzt noch einmal durch den Kopf gehen lassen und sei fest entschlossen, ihm helfend zur Seite zu stehen. Sie, eine der glühenden Anhängerinnen Orlandos. Sie ist Lehrerin an einer staatlichen Schule und will konkrete Informationen über ein Gesetz zur Freistellung von Beamten im öffentlichen Dienst, die eine Art Volontariat innerhalb einer Partei oder politischen Institution machen möchten. Orlando versprach, sich genauestens zu informieren. Erhitzt strich er sich die Haartolle zur Seite, zog seinen Mini-Terminkalender hervor und kritzelte für einen der folgenden Tage einen Termin mit der kooperationsgierigen Lehrerin hinein.

»Jetzt müssen wir aber gehen, Herr Bürgermeister«, teilte ihm der Leiter der Bodyguards mit. Da zog ihn ein Küchenchef am Ärmel seines Jacketts. »Ja, Carmelo, das ist ja eine Ewigkeit her, daß wir uns das letzte Mal gesehen haben!« und schon rannte Orlando fast über den Platz zu Carmelos Trattoria. Die Vitrinen waren vollgeladen mit Meeresfrüchten und Gemüseschalen. Im Eingang stand die Chefin, strahlend wie eine Prinzessin, und wollte Orlando zum Essen dabehalten. »Aber wenigstens einen Aperitif, Luca, eine Vorspeise!« Orlando ging an den Tischen vorbei. Ein alter

Priester speiste allein an einem kleinen Tischchen, vor Überraschung fiel ihm die Serviette direkt vor Orlandos Füße. Der hob sie auf, der Geistliche errötete. Ein freundlicher Händedruck. Die Chefin schnitt blitzschnell das Thema Parkplätze und Straßensperre an und jammerte ob der ausbleibenden Gäste zum Mittagstisch. Orlando bedauerte, hatte aber so schnell keine Antwort parat. Mein Einwurf, man könne schließlich auch zu Fuß gehen, wurde nicht gerade dankbar aufgenommen. Orlando versprach wiederzukommen.

Schon saßen wir im Auto, und ab ging's in den Badeort Mondello vor den Toren Palermos. Die RETE und die Gewerkschaftsverbände, Bereich Medien, hatten zu einer Konferenz über Pressefreiheit eingeladen. Mondello ist zwar ein kleiner, aber dafür um so exklusiverer Ort. Erholungssuchende aus aller Welt geben sich hier jährlich ein Stelldichein.

Mondello machte am 12. März 1992 aus einem düsteren Anlaß Schlagzeilen. Zwei Motorradkiller töteten am Ende einer Verfolgungsjagd durch die engen Straßen Salvo Lima, den DC-Europaparlamentarier und Statthalter Andreottis in Sizilien. Er galt als der mächtigste Mann der Insel. In den sechziger Jahren war er Assessor für Öffentliche Arbeiten in der Gemeindeverwaltung Palermo und danach Bürgermeister gewesen. Auch er tauchte schon in der Mitte der siebziger Jahre in den Akten der parlamentarischen Antimafiakommission als einer der wichtigsten politischen Referenten der Mafiaclans auf.

Der mondäne Anstrich Mondellos rührt nicht zuletzt auch vom Literaturpreis Mondello, der von einflußreichen Magnaten aus Norditalien, aus der Lombardei und Venetien, ausgerichtet wird. Laura hat dazu ein kleines bissiges Fragment mit dem Titel *L'intellet-tuanza* geschrieben.

Darin ist die Rede vom jährlichen Geldregen in Milliardenhöhe, und das auch in Trockenzeiten; von Unterwasser-Safaris und weiten Reisen nach China, in die Vereinigten Staaten und nach Rußland, auf denen die sizilianisch-lombardischen Mitglieder der Mondel-lo-Jury ihren kulturellen und intellektuellen Horizont erweitern sollen. Natürlich zusammen mit Familienan-gehörigen, und alles auf Kosten der Mondello-Stif-tung. Die Namen dieser Kulturpotentaten aufzuführen, die ihre ehrenamtliche Beratertätigkeit eher als eine Einrichtung für kostenfreie Ferienreisen ansahen, hatte die Verfasserin nicht den Mut, obwohl sie ihre Infor-mationen aus einem Zeitungsartikel hatte. Im Gegen-teil, man warnte sie: »Unter diesen Männern sind mächtige ›Haie‹, skrupellose Leute, die zu allem fähig sind. Im Vergleich zu ihnen sind die Namen, die für *Tangentopoli* (Milano, wo die großen Schmiergeldaf-fären aufgedeckt wurden) stehen, unbedeutend – im Gegenteil, die letzteren könnten von den Literatur-preisverwaltern noch etwas dazulernen.« (Rizzo, *Le pepite,* S. 38)

Wieder mal ein Beispiel dafür, wie gut die sizilia-nisch-festländisch-internationale Zusammenarbeit funk-tioniert, wenn es um blühende Geschäfte oder die Be-reicherung von Einzelpersonen geht.

Inzwischen war mir jegliches Zeitgefühl abhanden gekommen. In Orlandos Panzerwagen gequetscht, ver-suchte ich soviel wie möglich von der Landschaft zu sehen. Orlando telefonierte ständig. Unsere Limousine raste am Fuße eines mächtigen schwarzen Bergmas-sivs entlang. Schneeweiße Schafe, von schwarzen

Herdenhunden bewacht, weideten auf den saftig grünen Hängen vor dem dunklen Massiv. Eine sekundenlange Idylle. Dann wieder Villenpanorama mit Palmen und feuerroten Bougainvilleen. In jeder Kurve schlug es mich gegen Orlandos Schulter.

Ich fragte ihn naiv und allgemein gehalten nach dem Mondello-Literaturpreis. Seine Antwort war einsilbig, fast brummig. Das Meer hatte Wellengang, der Himmel war grau. Manchmal rissen die stürmischen Böen ihn ein Stück weit auf, dahinter kam nur Weiß zum Vorschein. Vor dem Hotel hingen Plakate und Reklamestreifen, die Einzelheiten zu der Konferenz verkündeten. Wir eilten in den Saal, wo gerade ein Journalist des italienischen Fernsehens RAI eine Rede hielt.

Das Thema Freiheit der Medien ist äußerst brisant, denn der Notstand in der gesamten italienischen Medienlandschaft ist durch die Allmacht des jetzigen Regierungschefs Silvio Berlusconi extrem spürbar. Die Worte des Journalisten drückten das mehr als deutlich aus. Die ungefähr hundertfünfzig Personen – Politiker, Journalisten, Gewerkschaftler, interessierte Bürger – applaudierten heftig. Renzo vom *Giornale di Sicilia*, den ich zwei Reihen vor mir entdeckte, applaudierte allerdings nicht. Er schaute noch griesgrämiger aus als zwei Abende zuvor. Seine Abschiedsworte an jenem Abend: »Es ist mir immer ein Vergnügen, mich mit andersdenkenden Menschen aus anderen Kulturkreisen auszutauschen«, hätte er nun sicherlich gerne rückgängig gemacht. Mit seinen Blicken tat er es zumindest auch – sie waren jetzt offen feindselig, während er seine Mundwinkel millimeterbreit zum Gruß verzog. Noch bevor Orlando ans Rednerpult ging, war er verschwunden.

Müde stieg Orlando auf die Bühne. Inhaltlich fügte er der feurigen Rede des Journalisten im Grunde nichts Neues hinzu. Gleich zu Beginn betonte er, daß er just zur selben Stunde eigentlich in Riccione (an der Adria) bei einer Zusammenkunft der Grünen und anderer fortschrittlicher Parteien zum Thema Militärabgaben, Kernkraftwerke, Arbeitsplatzbeschaffung hätte sein sollen. Doch, und damit unterstrich er die übergeordnete Bedeutung des Themas Medienfreiheit, habe er es vorgezogen, mit seiner Präsenz den Journalisten Beppe Giulietti zu unterstützen, der bei den ins Haus stehenden Parlamentswahlen als Kandidat der RETE aufgestellt sei. »So jemand wie er gehört unbedingt ins Parlament!« rief Orlando agitatorisch in den Saal. »Denn der echte Diskriminierungsfaktor im Kampf um die Demokratie ist heutzutage die Informationsfreiheit. Sie ist das wichtigste aller Güter innerhalb eines demokratischen Systems. Daß uns dessen Bedeutung noch klarer wurde, haben wir letztendlich Silvio Berlusconi zu verdanken. Als dieser dem italienischen Volk in einer Ansprache auf einem seiner privaten Fernsehkanäle den Entschluß mitteilte, sich mit der neugegründeten Partei *Forza Italia* in die Politik zu stürzen, wurde sein Bild auf dem Schirm nach und nach von der Figur des ehemaligen italienischen Ministerpräsidenten und guten Freundes Berlusconis, Bettino Craxi (heute der Korruption angeklagt) überlagert. Nein, Silvio Berlusconi hat sich wirklich nicht allein nach oben geschafft. Berlusconi war der TV-Ideologe der achtziger Jahre.«

Orlando schnaufte schwer und strich sich die Haare zurück. Er wußte, wie schwierig der Kampf gegen Berlusconi und *Forza Italia* auch und gerade in Sizilien sein würde. Das Charisma dieses Selfmademan gründete sich hauptsächlich auf der rasch konsumierbaren Welt der Bilder, eines intelligent geschaffenen Images. Zur Schaffung dieses Images hatte sich Berlusconi ein Demokratieverständnis zunutze gemacht, das folkloristische Wurzeln hat. Denn keine »Tugend« wird in dieser Republik mehr geschätzt als die Schläue, die Gewieftheit, die Gerissenheit. Wenn es einer schafft, so weit nach oben zu kommen – vor allem auf wirtschaftlichem, unternehmerischen Gebiet, also ein fähiger Typ ist, der alles, was er angefaßt hat, zu einem Erfolg machte, in Gold verwandelt hat –, dann ist sein Charisma eine sehr große und deshalb sehr gefährliche Hypothek. Silvio Berlusconi war nicht nur Großunternehmer, Besitzer von Verlagshäusern, großen Werbeagenturen, Filmgesellschaften, Versicherungsanstalten, Finanzierungsgesellschaften, Fußballmannschaften, Fernsehsendern, sondern schickte sich auch gerade an, italienischer Ministerpräsident zu werden. Er wurde es dann auch, breit grinsend.

Orlando weiß, daß die Heilssuche der Menschen immer verzweifeltere Formen annimmt. Und er weiß, daß seine eigene Bedeutung für das gutgläubige und labile Volk nachläßt. Doch mehr denn je ist eine Kontinuität in der Opposition notwendig. Die himmelschreiende Machtkonzentration, die Koalition von *Forza Italia* mit Neofaschisten und *Lega*-Politikern, macht eine entschlossene Opposition erforderlich.

Orlando schaute zu den anderen Konferenzleitern hinüber. Darunter war auch Gaspare Nuccio, den ich im RETE-Parteisitz in Rom kennengelernt hatte. Seine Haare waren jetzt fast streichholzkurz, und am rechten Ohrläppchen prunkte ein kleiner Steckdiamant, wie ich ihn auch schon an den Ohren anderer RETE-Mitglieder gesehen hatte. Ein Erkennungszeichen unter Insidern oder *just for fun,* man weiß es nicht.

Nach seiner Ansprache faßte mich Orlando am Arm und fragte auf deutsch: »Gehen wir einen Kaffee trinken?« Klar. Endlich werde ich ihn mal für mich haben, um ihn etwas auszuquetschen. Doch wieder wurde nichts daraus. Es gab zwar Kaffee, Sprudel und andere Getränke in Hülle und Fülle an der Theke im Clubraum des Hotels. Aber Orlando ließ sich willig von zwei, drei Herren an ein Tischchen ziehen, nahm dort Platz und ließ sich auf ein gestenreiches Gespräch ein. Ich schaute durch die großen Fenster aufs wellengekämmte Meer, über das lachend und kreischend große Möwen flogen und über der Hotelterrasse eine Sondervorstellung gaben.

Als wir wieder gen Palermo fuhren, war auch der Assessor für Jugendarbeit und Soziales an Bord. Orlando teilte ihm mit, daß für den frühen Abend eine außerordentliche Gemeinderatssitzung anberaumt sei. Der Assessor blätterte nervös und sichtlich verärgert seinen Terminkalender durch. Es war doch Sonntag.

Wir waren auf dem Weg zum Drogenzentrum *Casa Famiglia Rosetta*, das Padre Sorce vor einigen Jahren mit Hauptsitz in Caltanissetta gegründet hatte. Im Laufe der Jahre haben zahlreiche Akademiker und staatliche Organisationen ihre dauernde Mitarbeit zugesichert. Mittlerweile gibt es eine Nebenstelle auch in Brasilien. Der katholische Geistliche Padre Sorce, Vorsitzender der Vereinigung, erwartete den illustren Gast unter den Johannisbrotbäumen im Hof. Auf dem Parkplatz kam uns ein junger Mann entgegen, der an seinem belegten Brötchen herumkaute. Er stellte sich Orlando in den Weg. Ein Teil der Leibwächter war noch am Auto beschäftigt. Die anderen beiden wurden deshalb noch nervöser und wollten reagieren. Orlando hielt sie mit einer Handbewegung zurück. Der junge Mann mit wirrem Blick stellte Orlando einige unverständliche Fragen. Anscheinend erkannte er den Bürgermeister von Palermo nicht. Ein Freund des jungen Mannes eilte herbei, auch er mußte von seinem Erscheinungsbild her ein Patient der Heilanstalt sein. Er fuhr den kauenden Freund an: »Ja, bist du denn blöd! Das ist doch Leoluca Orlando, unser Bürgermeister.« Ich schaute sie etwas ungläubig an. War die Szene echt oder gestellt?

Anlaß der heutigen Feier war die Heilung von 18 jungen Männern, »die endlich aus dem Tunnel der Droge heraus sind« (Orlando). In den Innenräumen des religiösen Instituts gaben zahlreiche in Pelzmäntel gehüllte und goldbehangene Damen der Atmosphäre einen festlichen Anstrich. Der Padre erklärte, daß »zu diesem Anlaß auch 36 Sozialarbeiter aus dem Drogenbereich aus osteuropäischen und südamerikanischen Ländern angereist sind, um dem Wunder der Heilung dieser Männer beizuwohnen und sie zu feiern. Ein Sieg über die Sucht bedeutet immer auch schon, der Mafia ein Stück ihres Territoriums, wenn auch ein winziges nur, entrissen zu haben. Denn gerade in Sizilien wachsen die Jugendlichen schon fast ›natürlich‹ in die Sucht hinein.«

Ich fragte nach der Finanzierung dieses Instituts. »Diese Einrichtung erhält keinerlei öffentliche Zuschüsse«, informierte mich Sorce. »Noch nicht …«, und dabei schaute er Orlando hoffnungsvoll an. Meine nächste Frage nach den Kriterien für die Zulassung, welche Zulassungsbeschränkung es gäbe, begriff er in diesem Zusammenhang nicht. Ich hätte anders fragen sollen: »Wieviel muß jeder Drogenkranke bezahlen, um aufgenommen zu werden?« Der Geistliche behauptete, daß jeder Entzugswillige und Hilfesuchende bei ihnen zugelassen würde. Insgesamt seien es bislang zwischen dem Hauptsitz Caltanissetta und Palermo nicht mehr als 350 Personen gewesen, die an ihren Türen geklopft hätten.

Eine Fachfrau erklärte die Methode, mit der die Süchtigen von der Sucht befreit werden: »Unser Programm ist ausschließlich auf die Einzelperson, auf den individuellen Dialog ausgerichtet. Wir arbeiten mit Gefühlen und Emotionen, suchen nach einem Stimulus, um den Süchtigen von der Straße wegzubringen. Wir versuchen, ihn die gefährlichen Freundschaften vergessen zu machen, die ihn aus der Bahn geworfen haben. Am Ende dann erwartet ihn der schwierigste Teil der Therapie, nämlich die Wiedereingliederung in die Arbeitswelt, in die Gesellschaft.«

Die Kontrolle von außen soll also Stück für Stück zur Selbstkontrolle werden. Der religiöse Weg macht aus dem Glauben an Gott den Glauben an sich selbst.

Ich frage den Priester nach seiner Meinung zum größten, nichtreligiösen Therapiezentrum Italiens, San Patrignano in der Nähe von Forli in der Romagna. Sein Gründer und Leiter, Vincenzo Muccioli, intimer Freund des ehemaligen Regierungschefs Bettino Craxi, stand schon des öfteren wegen Körperverletzung, Freiheitsberaubung und sogar wegen Beihilfe zum Mord vor Gericht.

Muccioli verlangt den Drogenkranken absoluten Gehorsam ab. Die Stelle einer neu zu formenden Identität des Einzelnen wird durch ein Zwangsarbeitsprogramm, das nach und nach jeden Widerstand der Abhängigen bricht, vom Autoritätssymbol des allmächtigen Übervaters eingenommen. Dieser Gehorsam dient keineswegs nur Heilungszwecken, sondern ist *Conditio sine qua non* für den reibungslosen Ablauf innerhalb dieses Großbetriebs, der Umsätze in Millio-

172

nenhöhe macht. Pferdezucht, Mode, Weinanbau sind nur einige Sektoren des Unternehmens San Patrignano.

Viele der Süchtigen, die sich hilfesuchend an Muccioli gewandt hatten, haben früher oder später den Freitod gesucht. Die Isolation von der Außenwelt in jener Anstalt ist so total, daß im ersten Jahr der Therapie selbst das Schreiben von Briefen untersagt ist.

Orlando hörte unserem Gespräch interessiert zu. Auf unserem Weg in den Festsaal hatten die beiden mich in ihre Mitte genommen. Links und rechts von uns befanden sich Informationstische über die Arbeit und die Ziele dieser Gemeinschaft. Daneben standen andere Jugendliche, die schneeweiße Tücher über köstlich duftende, hausgemachte Kuchen und andere Leckereien breiteten, die für den eigentlichen Festteil bestimmt waren. Als sie Orlando vorbeigehen sahen, wußten sie nicht, wie sie sich verhalten sollten: Die Tücher heben und ihm etwas anbieten? Doch Orlando lächelte ihnen nur kurz und eher geistesabwesend zu. Seine Wahrnehmungsebene war augenblicklich weit von kulinarischen Genüssen entfernt.

Plötzlich tauchte seitlich aus dem Gang der Kardinal von Palermo, Salvatore Pappalardo, leibhaftig vor uns auf. Schon war Padre Sorce an seiner Seite. Mit Orlandos Körper schien eine Transformation vor sich zu gehen, als er sich über die ausgestreckte Hand der Eminenz beugte und den Ring des Kirchenfürsten küßte. Orlando schaute zu mir herüber und bedeutete mir mit einem kaum erkennbaren Kopfnicken, mich zu nähern.

Salvatore Pappalardo war ein echter Vollblutsizilianer mit starkem Charakter. Als Kardinal von Palermo hatte er weltweites Aufsehen erregt, als er sich anläßlich der Totenmesse für den General Alberto Dalla Chiesa, für seine Frau und seinen Leibwächter, die am

173

3. September 1982 von der Mafia getötet worden waren, mit heftigen Worten gegen die Mafia wandte. Es geschah damals zum ersten Mal, daß ein Geistlicher von seinem Rang mit der jahrhundertealten Tradition des Nichthörens-Nichtsehens-Nichtsprechens gebrochen hatte. Der zornige Kardinal donnerte heftig gegen die Mafiosi, Männer ohne Moral und ohne Ehre. Und so wurde Pappalardo für die Antimafiabewegung zu einem wichtigen Stützpfeiler.

Auf der palmengeschmückten Bühne im Festsaal standen die 18 Männer. Alle waren elegant herausgeputzt, dunkle Anzüge, Krawatten in Feindesign kunstvoll auf seidenen Hemden gebunden. Jetzt setzte die sogenannte »Graduierung« ein. Jeder Geheilte mußte einer schon zuvor ausgewählten Bezugsperson – Sozialarbeiter, Richter, Arzt – eine kleine Silberplakette zur Auszeichnung anstecken. Eine herzliche Umarmung, und der Pakt war geschlossen. Nicht der Geheilte wurde ausgezeichnet, sondern seine Bezugsperson aus der bürgerlichen Gesellschaft, die den Geheilten auf partnerschaftlicher und gesellschaftlicher Ebene voll akzeptierte. Dieser Pakt hatte eine starke Symbolkraft. Der ehemals aus der Bahn Geratene konnte nun voll auf die Solidarität der Gesellschaft zählen, die seine Bezugsperson für ihn in Fleisch und Blut verkörperte.

Der Kardinal hielt seine Ansprache. Er gab sich sehr bescheiden. Er sagte, heute und hier habe er eigentlich keinerlei Verdienst. Schließlich habe er Padre Sorce nur die Möglichkeit gegeben, eine Niederlassung in Palermo einzurichten.

Dann war Orlando an der Reihe. Seine Ansprache schien er wie in Mondello aus dem Ärmel zu schütteln. Er richtete seine Worte direkt an die Geheilten:

»Ihr habt bewiesen, daß es trotz allem möglich ist, handelnde Personen, Individuen zu sein, die ihr Leben, ihre Zukunft in die Hand zu nehmen. Jetzt könnt ihr wieder atmen, schwimmt wieder oben, seht wieder Licht. Wo ein Wille ist, ist auch ein Weg. Ihr habt den bösen Stimmen nicht nachgegeben, die euch wieder und wieder davon überzeugen wollten, daß es doch keinen Sinn habe, von den Drogen wegzukommen und daß es schließlich auch nichts bringt. Ihr aber habt beschlossen, euch zu ändern. Damit habt ihr für uns alle ein Zeichen gesetzt.«

Vorhang. Szenenwechsel. Schon bog das Bürgermeisterauto in die Einfahrt zum modernen Fußballstadion La Favorita ein. »Das habe ich umbauen lassen, als ich zum ersten Mal Bürgermeister war. Schön, nicht?« sagte er zu mir, Zustimmung heischend und stolz wie ein Junge vor seiner Sandburg. Verschiedene Gemeindeassessoren, der Chef des Palermer Fußballvereins und Techniker begutachteten ein Stockwerk nach dem anderen. Die Unterhaltung war rege. Die Leibwächter Orlandos schienen ihre Funktion vergessen zu haben und waren jetzt ganz Fußballfans und Experten *ihrer* Fußballmannschaft. Ein richtiger Männerclub. Themen waren Kosten, Mieten, Umbauten. Nichts davon wurde jedoch während dieser Ortsbegehung ausdiskutiert. Ich blieb vor einer Marmortafel stehen und las die Namen der fünf Bauarbeiter, die am 30. August 1985 beim Bau des Stadions tödlich verunglückt waren. Das war knapp zwei Monate nach Orlandos Amtsantritt. Nach dem Blut, das bei den Mafiaattentaten während der Phase seines Amtsantritts geflossen war, wurde ein solches Unglück als Fluch des Schicksals interpretiert.

Eine Hand legte sich auf meinen Unterarm, und Orlando meinte: »Das war der schwärzeste Tag meiner ganzen Amtszeit. Ich erinnere mich noch so genau, als wäre es gestern gewesen. Es war einfach schrecklich. Als das Unglück geschah, war ich gerade in Rom. Als man mir die Nachricht hinterbrachte, habe ich alles stehen und liegen lassen und bin mit einem Hubschrauber nach Palermo geeilt.«

11. Letizia Battaglia: eine kämpferische Freundin

Am folgenden Tag traf ich mich mit Letizia Battaglia. Zum ersten Mal war ich in einem Buch von Michele Perriera auf ihren Namen gestoßen. Der Erzähler, Regisseur und Leiter einer Theaterschule in Palermo, hatte darin ein außergewöhnliches Interview mit Leoluca Orlando während dessen erster Amtszeit als Bürgermeister veröffentlicht. Dieses Buch war auf Initiative von Letizia hin entstanden. Sie war damals Stadträtin der Grünen und rief Perriera an, mit dem sie eine langjährige Freundschaft verband: »Machst du bitte ein Interview mit Leoluca Orlando? Ein richtig langes, ausführliches Gespräch, ich will daraus ein Buch machen. Aber mach schnell.« »Ein Buch?« »Ja, es kann von einem Moment auf den anderen aus sein mit ihm, verstehst du? Sie werden ihn fertigmachen. Er versucht, den Mördern und Feiglingen die Stadt aus den Händen zu reißen: Ich arbeite tagtäglich an seiner Seite und weiß genau, wovon ich rede. Sie werden ihn umbringen, wenn wir ihn allein lassen. Und du weißt ja selbst, wie diese Stadt ist. Wenn man etwas anderes will, dann stempeln sie einen zum Dummkopf oder

Besserwisser. Doch vielleicht ist es besser, besser für ihn, meine ich, wenn er zurücktritt. So kann er wenigstens sein Leben retten. Aber es muß aufgeschrieben werden, was für ein Mensch er ist, was er denkt, was er für Palermo machen könnte. Die Wahrheit ist notwendig, wenn möglich ...« (Perriera, *Intervista,* Vorwort).

Das ist Letizias typischer Enthusiasmus, der knallhart sein kann und nicht einfach nur ansteckend. Er kann auch süßliche Nuancen haben wie in dem schon genannten Dokumentarfilm von Wolf Gaudlitz, wo sie mit ihrer rotgefärbten Mähne auf der Dachterrasse ihrer Wohnung unter strahlend blauem Palermohimmel aufgenommen wird und sagt: »Orlando ist wie das Licht, die Hoffnung, das Wasser vom Himmel, das die Erde grün werden läßt ... Der Zeus'sche Fruchtbarkeitsregen!«

Nun saßen wir uns in einem eleganten Café mit vielen Spiegeln und ledergepolsterten Stühlen in der Via Principe di Belmonte gegenüber, und sie war gar nicht so rotgefärbt und wirkte überhaupt nicht überspannt. Ringsum verfolgten freundlich lächelnde Gesichter und wache Ohren unser Gespräch.

Letizias Vitalität ist nicht von der oberflächlich quirligen Art, sondern Ausdruck einer radikalen, umfassenden Konfrontation und Kohärenz mit den eigenen Idealen, die sie unbedingt zum Wohl der anderen verwirklichen muß. Ihre Sprache ist sehr eigen; scheinbar gängige Begriffe, deren Bedeutungshintergrund schon abgehakt zu sein scheint, werden von ihr in ein anderes, grelleres Licht gezerrt und zeigen sich dann in ihrer großartigen Einfachheit.

Sie »liebt« Orlando, sie verehrt ihn, sie ist ihm treu. Sie glaubt an seinen politischen Ansatz, seinen persönlichen Kampf für die Durchsetzung seiner politischen Ziele. Sie ist mit ihm aber auch streng, »wie eine Mutter mit ihrem eigenen Geschöpf«, unterstreicht sie.

»Dank verschiedener vorurteilsfreier, mutiger, radikaler Menschen wie mir hat Orlando Kraft schöpfen können, die ihn vorangetrieben hat.«

Letizia Battaglia stand Orlando gerade während des »Palermer Frühlings« so nahe wie kaum ein anderer. Nähe bedeutete auch und vor allem emotionale Offenheit, menschliche Solidarität, Glauben an die von einem Menschen und nicht von anonymen Mächten verkörperte Sache. Gerade diese weiblichen Elemente, die von einer unabhängigen und starken Frau wie Letizia in die nach wie vor von Männern bestimmte Welt der Politik hereingetragen wurden, halfen Orlando, seine Stärke freizusetzen: Gefühl, Leidenschaftlichkeit, persönliche Opferbereitschaft. Das macht das Besondere an Orlando als Politiker aus.

Letizia erzählte von sich. Mit 40 Jahren hatte sie nach ihrer Scheidung als Fotografin angefangen, »in einer Stadt, wo das Auge des Fotografen ein äußerst unbequemer Zeuge der Ereignisse war und ist.« Sie hat Mafiaverbrechen, Leiden, Blut und Verzweiflung auf ihr Objektiv gebannt, ohne daß ihr eigenes Wesen, ihre tiefe Menschlichkeit zu profimäßiger Gleichgültigkeit abgestumpft wäre. »Das Fotografieren ist bei mir nach wie vor nicht zur Gewohnheit geworden; denn die Bilder werden nicht nur von unserem Objektiv, sondern auch von unserem Kopf aufgenommen. Manchmal ertrug ich den Geruch des Blutes einfach nicht mehr, und dann überkam mich in meiner Verzweiflung große Lust, aus dieser Stadt zu fliehen.« Heute fotografiert sie keine Leiden von Mafiaopfern mehr, sondern widmet sich ihren Aufgaben als Landtagsabgeordnete der

RETE und ihrem Verlag, der ihren Namen trägt und damit Zeichen setzt: Battaglia bedeutet Kampf!

Ende der 60er Jahre hatte sie als Journalistin und Fotografin für die palermische Tageszeitung *L'Ora* gearbeitet, die heute nicht mehr existiert.

Ihr Hauptengagement galt und gilt bei all ihren Tätigkeiten den sozial Schwachen, den Randgruppen, den Frauen, »die es nicht verstanden haben, sich die Hälfte der Welt, die ihnen zusteht, zu nehmen«. Sie unterstützt die palermische Frauenzeitung *Mezzocielo*, die vor einigen Jahren aus dem Engagement verschiedener Frauengruppen im Kampf gegen die Mafia entstanden ist. Politisch, ideologisch war sie schon immer links ausgerichtet – auch wenn sie eine recht bürgerliche Vergangenheit hat (mit 16 hat sie einen reichen Mann geheiratet und mit ihm drei Kinder in die Welt gesetzt) –, doch bezeichnet sie sich als radikal vorurteilslos und »deshalb jederzeit bereit, mit jeder ehrlichen Person zusammenzuarbeiten, egal welchen Parteicouleurs, denn es ist nicht mehr Zeit für Ideologien, sondern Zeit zu handeln.« Auch diese Ansicht ist das Ergebnis eines Reifeprozesses, in dessen Zentrum Orlando steht.

»Orlando hat uns alle wachgerüttelt, er ist wie ein großes Feuer, um das sich die Menschen versammelt haben. Die ehrlichen Leute in Palermo sind heute wach, natürlich nicht nur durch Orlandos Wirken, sondern auch durch das Opfer von Falcone und Borsellino. Selbst wenn Orlando uns aus irgendeinem Grunde heute verlassen sollte, sein Werk würde fortgesetzt werden. Deshalb ist er keine Heldenfigur im klassischen Sinn. Er ist nicht der kühne Ritter, der mit gezücktem Schwert auf Leben und Tod für die Ehre und andere abstrakte Werte kämpft. Für uns ist er vielmehr wie ein Heiliger, der unablässig Opfer darbringt, indem er der privaten Seite seines Lebens entsagt, sich nicht das kleinste Vergnügen gönnt. Er hat sich mit Leib und Seele der Sache verschrieben.«

Hier wird der typische Überschwang Letizias wieder ganz deutlich.

Letizias soziales Engagement, ihr professionelles Können und ihr künstlerisches Talent brachten ihr im Herbst 1985 (zusammen mit der Amerikanerin Donna Ferrato) den wichtigsten internationalen Preis für dokumentarische Fotografie, »Eugene Smith«, ein, den sie in New York entgegennahm.

»Ich war verzweifelt, vor Freude, vor Schmerz, weil ich in jenem Moment begriffen habe, wie schrecklich, wie heftig die Realität ist, die ich mit meinen Bildern dokumentiert habe.« Der Schmerz rührte aus dem Bewußtsein, daß die schreckliche Realität ihrer Bilder die Realität ihrer Heimat ist. Realität der Insel, die sie liebt, ihrer Stadt, von der sie ein Teil ist.

»Plötzlich war mir klar, daß ich mich mehr engagieren mußte, mehr tun mußte. Der Moment schien mir dazu reif. Ich beschloß, in die Politik zu gehen. So schaute ich mich nach einer neuen und deshalb ›sauberen‹ Partei um und trat den Grünen bei. In den darauffolgenden Kommunalwahlen am 15. Juli 1985 wurde ich gleich zur Stadträtin gewählt. Ich akzeptierte es, mich in einer Kommunalverwaltung zu engagieren, in der es einen christdemokratischen Bürgermeister, eben Leoluca Orlando, gab. Das bedeutete, ein Politiker aus dem feindlichen Lager. Die DC war damals so stark, daß mir eigentlich klar war: Die werden wir nie zu Fall bringen. Doch gleichzeitig hatte ich das starke Gefühl, daß wir etwas unternehmen müssen. Die Dinge, die Zustände sind veränderbar, davon müssen wir uns selbst und die Leute überzeugen.«

180

Das Jahr 1985 war ein heißes Jahr, ein blutiges Jahr, ein Katastrophenjahr für Palermo. Die Mafia ging mit erbarmungsloser Grausamkeit gegen die staatlichen Exekutivorgane vor. Dennoch konnte die Hoffnung einen Fuß zwischen die Tür schieben. Die Hoffnung enthüllte nach und nach ihr Gesicht. Es trug die Züge Leoluca Orlandos.

III
Politica all'italiana

1. Der Palermer Frühling – eiskalte Vorboten

»Palermo ist eine Stadt voller Leben, wir müssen alles dafür tun, auf daß man in ihr wieder besser leben kann.« Das war der erste Satz aus Orlandos Antrittsrede als Bürgermeister im Juli 1985. Die Wirklichkeit schleuderte diesem hoffnungsschwangeren Programm ihre niederträchtige Antwort entgegen.

Am 28. Juli 1985, einen Tag vor Amtsantritt des Stadtparlaments, wurde der Polizeikommissar Beppe Montana von der Mafia ermordet. »Meinen ersten Tag als Bürgermeister verbrachte ich zwischen der Gedächtnisfeier des genau zwei Jahre zuvor ermordeten Richters und Leiters des Untersuchungsbüros der Justiz, Rocco Chinnici, und der Beerdigung von Beppe Montana.«

Die Trauerrede Orlandos beinhaltete einen scheinbar banalen, selbstverständlichen Satz, der ungefähr so lautete: »Wenn es auf dem Schlachtfeld im Kampf gegen die Mafia einen Schützengraben gibt, dann ist dort der Platz der Gemeindeverwaltung.« Die Polizisten und Kollegen schickten eine Abordnung zu Orlando und dankten ihm für diesen Satz. Er erwiderte trocken, daß das doch *normal* sei. Sie entgegneten: »Wenn das normal ist, warum hat dann noch kein anderer Bürgermeister vor Ihnen so eindeutig Stellung bezogen?«

Das Tatmotiv für den Mord an Beppe Montana war folgendes: In Mafiakreisen ging das Gerücht um, daß die Polizei die beiden Mafiosi Mario Prestifilippo,

Verbündeter der Mafiafamilie Greco, und Pino Greco, den Superkiller, *tot oder lebendig* stellen wolle. Die beiden wurden verdächtigt, 1983 den Polizeibeamten Calogero Zucchetto in der Gegend um Ciaculli getötet zu haben, wo er einen steckbrieflich gesuchten Mafioso aufgespürt hatte. Die Polizei, an ihrer Spitze Beppe Montana und Ninni Cassarà, war rasend vor Wut und Verzweiflung über das Schicksal ihres Kollegen.

»Daß die Polizeibeamten in einem solchen Gemütszustand direkte oder indirekte Todesdrohungen gegen die Täter ausgestoßen haben sollen, könnte von der Situation her verständlich sein. Interessant aber wäre an diesem Punkt die Frage: Über welche mysteriösen Kanäle konnte ein solches Gerücht dem Feind zu Ohren gelangen?« (Lupo, *La storia,* S. 234)

Nach der Ermordung Montanas machen sich seine Kollegen auf die fieberhafte Suche nach dem Mörder und verhaften als Tatverdächtigen Salvatore Marino, der von den Polizisten und Kollegen Montanas bei seinem Verhör im Polizeipräsidium zu Tode gefoltert wird. Der damalige Innenminister (und heutige Staatspräsident) Oscar Luigi Scalfaro eilt sofort nach Palermo und löst »mit bislang ungekannter Geschwindigkeit den besten Ermittlungsstab auf, den es je in Palermo gegeben hat; er versetzt die Beamten in andere Polizeistationen in allen vier Himmelsrichtungen Siziliens. Der Tod Marinos erweist sich für die Mafia als großes Geschäft.« (Lupo, *La storia,* S. 234)

Zwei Fotos von Letizia Battaglia aus dem Palermo gerade jener Tage sind emblematisch für die Meisterschaft, mit der sie den tiefsten und menschlichsten Schmerz darzustellen versteht. Das eine Foto zeigt die Verzweiflung der weinenden Mutter Marinos, das andere die Witwe des Polizeiagenten Calogero Zucchetto: »Es ist irrelevant, daß die Tränen um zwei ganz verschiedene Tote geweint werden, der eine ein mutmaßlicher Killer, der andere ein Hüter des Gesetzes. Was die beiden Frauen miteinander verbindet, ist der Schmerz um den Verlust ihres jeweiligen Angehörigen. Bei den Toten handelt es sich um zwei menschliche Wesen, die ermordet wurden und die das Schicksal dazu gebracht hatte, zwei unterschiedliche Wege zu wählen.« (Scalia, *Il vulcano*, S. 156)

Meist sind es die Frauen, die Mädchen, die Letizias Verständnis von purer Menschlichkeit bar jeglicher Rhetorik zum Ausdruck bringen. »Für mich ist es wichtig, den Moment, das Licht in ihren Augen einzufangen, wenn diese noch von Hoffnung, viel Hoffnung, einer neuen Welt, großen Erwartungen, Lust am Leben und am Handeln sprechen.« ... und noch nicht getrübt sind von Enttäuschungen und Kompromissen!

Außer Verzweiflung, Wut und Entrüstung waren auch Hoffnungsschimmer in Orlandos Blick zu erkennen, in jenem blutigen Sommer, in jenem Jahr, das sich auf den ersten großen Prozeß gegen Cosa Nostra vorbereitete. Die Scheinwerfer aus der ganzen Welt waren auf Palermo und seinen neuen Bürgermeister gerichtet, der ständig und laut von Mafia und mafiaverseuchten Institutionen sprach. Sein Foto und seine Stellungnahmen, Aufrufe und provokatorischen Reden gingen um die ganze Welt. Diese Öffentlichkeit, die er um sich schuf, machte aus ihm die Figur, auf die sich alle Hoffnungen konzentrierten. So wurde Leoluca Orlando zum Hoffnungsträger im Kampf gegen die Mafia. Rasch wurde er als Mafiafeind Nummer Eins bezeichnet. Ein Mann, der zum Symbol für einen Kampf geworden ist, den er gemeinsam mit vielen anderen austrägt.

Öffentlichkeit war und ist die einzige Chance, diesen Kampf zu gewinnen. Öffentlichkeit ist auch für die jeweiligen Protagonisten die einzige Lebensversicherung. Zu viele isolierte, allein gelassene Beamte, Funktionäre, Politiker wurden schon aus dem Weg geschafft.

Letizia bekennt heute, »daß ich damals blind war, Orlando nicht einmal anschaute, er mir widerlich war. Er war der Feind, den es zu besiegen galt, denn er gehörte ja zur *Democrazia Cristiana*. Damals war ich nicht sehr intelligent. Ich wußte nur, daß wir etwas tun mußten, wußte aber nicht genau, was zu tun sei.«

Doch dann, am 6. August 1985, fielen unter den Kugeln der Mafia Ninni Cassarà und der Polizeiagent Roberto Antiochia. »Man wird wohl nie erfahren, wie ein Heer von 15 Meuchelmördern an die richtige Information herangekommen ist, um die (...) Polizisten genau unter dem Haus von Cassarà abzufangen. Seit der Entscheidung des Innenministers Scalfaro, den Ermittlungsstab aufzulösen, sind erst 24 Stunden vergangen: In jenem Moment sind die Männer des Einsatzkommandos alleingelassen, so als wären sie die Abtrünnigen und subversiven Kräfte, auf die die ungeheure Gewalt eines modernen Staates niedergeht.« (Lupo, *La storia,* S. 236)

»Die Wut, die Raserei, die Lust, alles kurz und klein zu schlagen«, die daraufhin in Orlando hochstiegen, sind Ausdruck eines ohnmächtigen Zorns darüber, daß es doch keinen klar gezogenen Schützengraben im Kampf gegen die Mafia gibt. Das blutige Kampfgeschehen läuft immer noch nach den Regeln des allbekannten Räuber- und Gendarm-Spiels ab. Seine Worte sind knapp, aber eindeutig: »Im Innern war ich zerstört, gedemütigt. Nicht nur, weil ich mit Ninni Cassarà einen Freund verloren hatte; sondern ich dachte auch an das, was Ninni repräsentierte: die Figur des modernen Polizisten, einer von denen, die ihre Arbeit gut und richtig machen wollen.«

Außer von diesen blutigen Tragödien war der historische Moment in der zweiten Hälfte des Jahres 1985 auch und vor allem von den Vorbereitungen des ersten und bislang größten Prozesses gegen die Mafia bestimmt. 474 Angeklagte, gegen die die Richter des Antimafia-Pools in mühsamer und gefährlicher Arbeit Beweise zusammengetragen und Anklageschriften erarbeitet hatten.

Jahrelang waren diese Richter und ihre Arbeit diskriminierenden Verleumdungskampagnen von korrupten und arroganten Politikern ausgesetzt gewesen. Scharenweise verurteilten auch Staatsanwälte und andere Juristen radikal die Aktivitäten des Pools und argumentierten, daß die Bekämpfung der Mafia nicht Sache der Richter, sondern der Politiker sei. Sie begründeten ihr grundsätzliches Mißtrauen mit den »heiligen« Kriterien der Neutralität, des rationalen Abstands zu den Ereignissen. Mehr oder weniger bezichtigten sie die Richter, undemokratische Arbeit zu leisten.

Positive Reaktionen aus der Öffentlichkeit standen also nicht auf der Tagesordnung. Die Haltung der Palermer gegenüber der Mafiakriminalität war von Gleichgültigkeit und Achtlosigkeit gekennzeichnet. Um so deutlicher wahrnehmbar waren daher die schwachen, aber immerhin vorhandenen Anzeichen von Solidarität gegenüber den Richtern des Antimafia-Pools und die greifbare Veränderung der Stimmung, die innerhalb der Bevölkerung einsetzte.

Wenige Tage vor Prozeßbeginn fand tatsächlich eine Solidaritätskundgebung palermischer Schüler und Studenten für die Richter des Mafiaprozesses statt. Der Demonstrationszug endete vor dem Justizgebäude. Die Teilnehmer skandierten lauthals ihre Ablehnung der Mafia. Ein Flugblatt, das vom »Komitee für die Errichtung eines Denkmals für die Gefallenen im Kampf gegen die Mafia« ausgegeben worden war, lautete: »Dies ist ein Prozeß, der dank des Muts und der Intelligenz einer Handvoll Richter und Polizisten zustandegekommen ist, welche oft in Isolation und andauernder Bedrohung arbeiten mußten und ohne die gebührende Unterstützung von seiten des Staats und der Bürger.« Auch Leoluca Orlando war unter den Demonstranten, sprach mit den Journalisten und wies auf eine außerordentliche Sitzung des Stadtparlaments hin, bei der zahlreiche Bürgermeister aus ganz Italien zugegen sein würden.

Die Kommunalverwaltung Palermos mit Orlando an ihrer Spitze hatte den außerordentlichen Entschluß gefaßt, in diesem Prozeß als Nebenkläger aufzutreten. Keine Partei, die im Stadtrat vertreten war, hatte sich dagegen ausgesprochen, nicht einmal die *Democrazia Cristiana*. Keine hatte dazu den Mut oder die Unverfrorenheit besessen. Nach Orlandos Ansicht hatte der historische Moment, die große Öffentlichkeit, die mittlerweile um diesen Prozeß herum entstanden war, und die Scham über die Fakten eine Opposition schwierig, wenn nicht gar unmöglich gemacht. Nach außen hin stimmten sogar diejenigen zu, die sich eher als Komplizen der Angeklagten fühlten und natürlich kein Interesse daran haben konnten, als Ankläger aufzutreten.

Dies war nicht nur der erste Prozeß gegen die Mafia als Organisation, es war auch der größte Prozeß, der bis heute auf dem Boden der italienischen Republik geführt worden ist. Und es war der erste Prozeß gegen die Mafia, bei dem eine politische Institution als Nebenklägerin auftrat.

»Schwer lastete die Verantwortung auf meinen Schultern, die mich zum Wortführer, zum Sprachrohr eines Siziliens machte, das nicht mehr mit der Mafia identifiziert werden wollte. Ein Land, das laut herausschreien wollte, daß die Sizilianer den größten Schaden durch dieses schreckliche Phänomen davontragen. Darin lag der Sinn, als Nebenkläger in diesem Prozeß aufzutreten. Es sollte ein für alle Mal Schluß sein mit dem Prinzip des Einfach-so-Hinnehmens, der stillschweigenden Duldung. Jetzt mußte es laut ausgesprochen werden: Die Mafia verhilft weder zu Fortschritt noch zu Reichtum. Sie bringt nur Elend, Tod und Verbannung in gesellschaftliche Randgruppen mit sich. Aus diesem Grund hat der Repräsentant der Bürger dieser Stadt, der Bürgermeister, die Forderung auf Schadenersatz vorgetragen. Die Mafia fügt den Sizilianern Schaden zu. Das war das echt Revolutionäre dabei, und mit meiner Gegenwart habe ich versucht, das auszudrücken.«

Abgesehen von der Umgestaltung der komplexen politischen Landschaft in jenen Jahren, war es gerade der Umstand, daß sich die gesamte Gemeindeverwaltung der Stadt Palermo voll und ganz hinter die in diesem gefährlichen Prozeß zuständigen Richter und Staatsanwälte gestellt hatte, der das frühlingshafte Aufbrechen der Knospen am Hoffnungsbaum bedeutete. Die Bedeutung des »Palermer Frühlings« lag genau in dieser bis dahin einzigartigen solidarischen Zusammenarbeit zwischen politischen Verwaltungsorganen und Justiz. Zum ersten Mal ging es um angewandte

Demokratie und nicht um Vorzeigejustiz mit übergeordneter politischer Zwecksetzung. Eine solch eindeutige Haltung erforderte viel Mut, da es in diesem Prozeß auch um so herausragende politische Mordfälle wie um den des Generals Alberto Dalla Chiesa ging.

Die Atmosphäre im Umfeld dieses Prozesses war extrem spannungsgeladen. Die Hoffnung war groß, jetzt endlich einen großen Teil der sizilianischen Mafia vor Gericht gebracht zu haben.

In den darauffolgenden Jahren stellte sich jedoch heraus, daß diese Hoffnung immer noch Illusion war. Ein Großteil der endlich verurteilten Mafiosi wurde von dem berühmt-berüchtigten Richter der Ersten Strafkammer des Berufungsgerichts in Rom, Corrado Carnevale, in der Berufungsinstanz wieder auf freien Fuß gesetzt. In der Öffentlichkeit erhielt der Richter von nun an den Spitznamen »Gerichtsurteil-Vernichter«. Die Hoffnungen Palermos waren in Rom rücksichtslos zunichte gemacht worden!

2. Erblast

War dieser Prozeß trotz seines Ausgangs auch ein Meilenstein im Kampf gegen die Mafia, blieb das Erbe, das Orlando an der Spitze der Stadtregierung antrat, nach wie vor erdrückend.

Die *Democrazia Cristiana*, die bis dahin die Macht in Palermo in Händen gehalten hatte, »war Synonym für Kungelei«, für ständige, geheime Zusammenarbeit »mit der organisierten Kriminalität, dem Verbrechertum, Synonym für die schrecklichste sizilianische Subkultur.« (Orlando)

Direkter und systematischer Ausdruck dieser Zusammenarbeit waren die sogenannten Geschäftskomitees innerhalb der Stadtverwaltung, wo Geld und Macht verteilt wurden. Es gab keinen Bereich des öffentlichen Lebens, hinter dem nicht trübe Geschäftemacher gestanden hätten. Zu den größten und ertragreichsten Geschäftsbereichen zählten die öffentlichen Aufträge im Bauwesen. Die Gemeindeverwaltung von Palermo war wie ein großer Supermarkt, wo öffentliche Gelder in schwindelerregender Höhe für wenige auserwählte Stammkunden feilgeboten wurden.

Die Karriere des Vito Ciancimino, DC-Mitglied und Bauunternehmer, steht hier beispielhaft für die jahrzehntelange mafiose Unterwanderung des öffentlichen Gemeinwesens in Palermo.

Ciancimino stammt aus dem auf tragische Weise berühmt gewordenen Ort Corleone, Heimat auch des Mafiabosses Toto Riina. Cianciminos Vater war Friseur, und der junge Vito mußte schon früh im Geschäft mit Hand anlegen. Früher wie heute, in der Wirklichkeit wie im Film, sind Friseursalons *die* Umschlagplätze auch für die heißesten Informationen. Die bescheidenen Verhältnisse seines Elternhauses und das Heimatstädtchen ließ Ciancimino dank seines unglaublichen Gespürs für Machtverteilung und wichtige Männer zur richtigen Stunde bald hinter sich. Nicht lange, und er sollte die Geschicke der Stadt Palermo mit eisernem Griff lenken.

Von den alten Protagonisten der sizilianischen Politik – einflußreichen Akademikern, Rechtsanwälten, reichen Großgrundbesitzern, ranghohen Freimaurern – wurde er in den Sattel gehoben. Diese ehrwürdige Prominenz hatte bis dahin den historischen Pakt zwischen politischer Macht und Cosa Nostra garantiert.

Dank ihrer Protegierung, insbesondere dank der Unterstützung des Rechtsanwalts und DC-Mitglieds Bernardo Mattarella, dem Vater von Piersanti, Orlandos großem Vorbild, der in den Akten des parlamentarischen Untersuchungsausschusses zum Phänomen Mafia als Mafiafreund bezeichnet wird, konnte Ciancimino Anfang der fünfziger Jahre als praktisch Mittelloser wichtige öffentliche Aufträge im Transportwesen an sich reißen. Sogar die Polizeiverwaltung garantierte für seine Zahlungsfähigkeit. Keiner stellte je die Frage, woher sein stattliches Startkapital denn wohl stammen möge.

Geschickt drehte Ciancimino sein Fähnchen nach dem Wind. Die alten Honoratioren der *Democrazia Cristiana* mußten auf sizilianischem Territorium langsam einer neuen christdemokratischen Parteilinie unter Führung von Giovanni Gioia Platz machen. Auch die *Democrazia Cristiana* mußte Unternehmergeist und zeitgemäße Imagepflege zeigen. In diesem neuen Klima, das nun in der christdemokratischen Partei vorherrschte, fand Ciancimino sein Glück. Stück für Stück errichtete Ciancimino sein Finanzimperium. »Alles mit ehrlicher Arbeit verdient«, behauptete er später dreist vor Gericht. Palermo veränderte sein Gesicht: Baudenkmäler, Jugendstilvillen, Spanische Gärten, Zitronenhaine und andere Schönheiten verschwanden nach und nach, um riesigen Betonklötzen Platz zu machen. Viele Wohnungen standen oft einfach leer, da die Nachfrage nach Mietwohnungen nicht groß genug war. An dieser schrecklichen Plünderung Palermos (offiziell verwendeter Begriff für die vandalistische Zerstörung des historischen Stadtkerns von Palermo in den sechziger Jahren) war natürlich nicht nur Ciancimino beteiligt. Viele mafiose Politiker, skrupellose Geschäftemacher und geschickte Spekulanten bereicherten sich in dieser Zeit, in der die Stadt an Identität, Authentizität und Charme in unbeschreiblichem Maße verlor. Gleichzeitig garantierten die blühenden Geschäfte der Plünderer auch der breiteren Bevölkerung zumindest vordergründig einen gewissen Lebensstandard.

Die palermische Untersuchungskommission zum Phänomen Mafia denunzierte schon im Jahr 1964 die Zusammenarbeit Cianciminos mit der Mafia. Zu jenem Zeitpunkt war er Gemeindeassessor für das Bauwesen im palermischen Stadtparlament. Doch die Anzeige gammelte in den Schubladen der zuständigen staatlichen Stellen vor sich hin.

Als Ciancimino 1973 Bürgermeister von Palermo wurde, waren seine kriminellen Aktivitäten stadtbekannt. Der Polizei und den Richtern lagen konkrete Beweise für seine Machenschaften vor. Zwei sizilianische DC-Stadträte legten bei seiner Wahl ihr Mandat nieder, »um nicht die moralische und juristische Verantwortung für Cianciminos Wahl zum Bürgermeister teilen zu müssen«. Nach zwei Monaten Amtszeit trat er als Bürgermeister zurück, aber seine Karriere ging weiter und erreichte einen ihrer Höhepunkte, als der DC-Parlamentsabgeordnete, mehrfache Minister und langjährige italienische Ministerpräsident Giulio Andreotti öffentlich Cianciminos »Ehrbarkeit« verteidigte und erklärte, sie beide gehörten zu ein und derselben Partei.

Ciancimino selbst hatte vor Gericht bei den Prozessen zu den Mordfällen Reina, Piersanti Mattarella und La Torre erklärt, daß er seine politischen Aktivitäten persönlich mit Giulio Andreotti auch in den Räumen des italienischen Ministerrats, im Palazzo Chigi, abgestimmt habe.

Die herrschende Klasse Palermos bestand 1984 bei Ciancimos erster Verhaftung zum Großteil aus Freunden oder Komplizen von »Don Vito«. Den vielen, die mit Ciancimino im Laufe der Zeit ihre schmutzigen Geschäfte gemacht hatten und ihn nun nicht mehr kennen wollten, kann ein wunderbares Foto von Letizia Battaglia entgegengehalten werden. Auf ihm ist Ciancimino grinsend neben den illustren Parteispitzen der palermischen *Democrazia Cristiana* an der Seite des allmächtigen Giulio Andreotti zu sehen, der gerade mal wieder seinen Freunden und Verbündeten in Sizilien seine Aufwartung macht. Andreotti, dem von den Medien der bezeichnende Spitzname »Beelzebub« verliehen wurde, muß sich nun allerdings auch vor Gericht wegen seiner Verbindung zur Mafia verantworten. Andreotti ist Ende siebzig – er nimmt seine Anklage gelassen hin.

Orlando behauptet, daß »Ciancimino nicht nur ein Freund der Mafiosi, sondern selbst ein Mafioso ist«. Das würde bedeuten, daß er sich zur Aufnahme in die »Ehrenwerte Gesellschaft« sowohl den feierlichen Initiationsriten unterzogen als auch den Gehorsamkeitsschwur geleistet hat. Auch der bekannteste Pentito, Tommaso Buscetta, sagte aus, daß »Ciancimino zur gefürchteten Mafia von Corleone gehört und Riina ihn fest in der Hand hat«.

Das goldene Kalb, um das die Macht- und Geldgierigen von Palermo tanzten, waren die öffentlichen Aufträge (*appalti*) im Hoch- und Tiefbau, für die Instandhaltung der Straßen, der Abwassersysteme usw. Die Vergabe dieser Aufträge sollte nach festgelegten Regeln in öffentlichen Ausschreibungen erfolgen. Doch in Palermo und mit Ciancimino, der seine Finger jahrzehntelang überall im Spiel hatte, wurde die Regellosigkeit zur Selbstverständlichkeit. Die private Absprache nahm die Stelle der öffentlichen Ausschreibung ein.

Die öffentlichen Aufträge bestimmten das Geschick der gesamten Stadt. Sie bedeuteten nicht nur Bereicherung einzelner korrupter Politiker oder mafioser Unternehmer, sondern auch Überlebensmöglichkeiten für die Bevölkerung, die sich den kriminellen Methoden zwangsläufig beugte. Schließlich »hatte man ja Familie«. Mancher Kleinstunternehmer konnte sein Glück machen, wenn er einen Teilauftrag in Zweit- oder Drittvergabe (*subappalti* oder *sub-subappalti*) ergatterte. Im Namen öffentlicher Aufträge wurde auch vor Mord nicht haltgemacht. Keiner durfte aus der Reihe tanzen.

Ein solches jahrzehntelang gewobenes Geflecht zu entwirren war eigentlich ein aussichtsloses Unterfangen. Orlando stellte sich dieser Erblast mit einem Programm, das auf Transparenz abzielte. Und für die Vergabe der öffentlichen Aufträge bedeutete das, das Unternehmen zu engagieren, das den offiziell vorgegebenen Preis am deutlichsten unterbot.

Orlando und seinen Mitarbeitern war klar, daß zum Kampf gegen die Mafia eine intakte Infrastruktur gehört – Arbeitsplätze, soziale Einrichtungen, Bildungschancen. Und er wußte, daß das eine der größten Hürden in seinem Kampf sein würde. So trafen ihn die Slogans der arbeitslosen Bauarbeiter im Januar 1986 schwer: »Wir wollen die Mafia«, »Ciancimino wieder Bürgermeister«, »Die Mafia bringt Arbeit« und vor allem »Wir sind die Kinder der Transparenz«.

»Dieses Plakat hat mich besonders betroffen. Die Leute wollten mir damit praktisch sagen: ›Die Transparenz, der sich dein Stadtparlament rühmt, bringt in

Wirklichkeit nichts anderes als Misere. Wir ziehen die Korruption vor.‹ Das war ein schrecklicher Schlag für mich. Da gab es also Leute, die wollten die Überzeugung verbreiten, daß die Mafia, wie blutig sie auch immer sein mochte, Wohlstand mit sich brachte, und wir, ehrlich wie wir waren, derart moralistisch seien, daß wir nichts anderes als Armut zu vergeben hätten und deshalb dumm und unfähig wären. Alle wußten genau, daß diese Misere nicht erst während der paar Monate Stadtverwaltung unter Orlando entstanden war, sondern aus viel früheren Zeiten stammte. Doch wir mußten uns mit dieser falschen Ideologie auseinandersetzen, die sicherlich dank der mafiosen Mechanismen von denjenigen angeheizt wurde, die große Reichtümer anhäuften und den armen Leuten einfach nur abfällig ein paar Brocken zuwarfen.«

Der größte Teil der demonstrierenden Bauarbeiter war bei der Firma Lesca-Farsera beschäftigt, die zur Unternehmensgruppe des Grafen Cassina gehörte. Sein Wirtschaftsimperium hatte aufgrund einer gerichtlichen Untersuchung im Oktober des Vorjahres zu wanken begonnen. 47 Jahre lang hatte Arturo Cassina in bestem Einvernehmen mit den größten Mafiabossen der Zone die öffentlichen Aufträge für die Stadtbeleuchtung, die ordentliche und außerordentliche Instandhaltung der Straßen und Kanalisationssysteme fest in Händen gehabt. Jetzt hatte ihm Orlando mit seiner Transparenz einen Strich durch die Rechnung gemacht. Eine römische Firma konnte bei der öffentlichen Versteigerung den vorgegebenen Preis um 24 bzw. 30 % unterbieten und versprach, 300 der 800 Arbeiter von der Lesca-Farsera zu übernehmen.

Orlando richtete verstärkt seine Appelle an die Regierung in Rom, in denen er den »Notstand Palermo«

aufzeigte. Am 7. August 1985 wurde Orlando zusammen mit einigen führenden Mitgliedern der palermischen Kommunalverwaltung vom sozialistischen Ministerpräsidenten Bettino Craxi empfangen. Orlando legte ihm ein ganzes Paket mit Forderungen vor. An erster Stelle stand die Verstärkung des Polizeiapparats und vor allem des Personals in der Justizverwaltung zur effizienten Bekämpfung der Mafia. Zu diesem Zweck wurde auch eine Umstrukturierung des Amts des Hochkommissars für den Kampf gegen die Mafia gefordert. Ebenso sollten endlich die Ergebnisse und die Empfehlungen der Antimafia-Kommission öffentlich im italienischen Parlament debattiert werden. Im Bereich der Beschäftigung und des Sozialwesens forderte man außerordentliche Eingriffe für die Arbeitsplatzbeschaffung und die Sanierung des historischen Stadtzentrums. Im Februar 1986 stellte der Ministerrat 25 Milliarden Lire zur Arbeitsplatzbeschaffung für ungefähr tausend arbeitslose Bauarbeiter zur Verfügung. Doch das genügte nicht.

Hinter Staatsdienern muß ein Staat stehen, der in all seinen Organen die unangreifbare Integrität besitzt, aus Einzelkämpfern keine tragischen Helden werden zu lassen.

Orlando hatte die Garanten des Systems, in dem das Leben des einzelnen nur so viel wie eine Spielfigur wert ist, hauptsächlich in den alten Parteigegnern aus der DC erkannt. Sie begegneten ihm jetzt mit unverhohlener Feindseligkeit. In diesem politischen Hochspannungsklima des Jahres 1985 fragten sich die Leute: Wird Orlando es wohl schaffen, wer ist Orlando eigentlich?

3. Frischer Wind in der politischen Landschaft

Der »Palermer Frühling« ist vor allem als das Phänomen des »anormalen Gemeindeausschusses« bekannt, an dessen Spitze ein Bürgermeister aus der linksgerichteten Strömung der *Democrazia Cristiana* stand, der sich wie ein »Wirbelsturm« aufführte, ständig und überall gegen die Mafia sprach und ein moralisch-ethisches Reinigungsprogramm in den Palermer und auch in den nationalen Machtzentralen durchführen wollte.

Die Genese der politischen Ereignisse in Palermo spielte sich in enger Wechselbeziehung mit der nationalen Politik ab, die hauptsächlich von den Machtkämpfen der verschiedenen Strömungen innerhalb der DC und dem Schlagabtausch zwischen den großen Parteiblöcken DC, PCI und PSI gekennzeichnet war.

Im Jahr 1981 verlor die DC den Sitz des Ministerpräsidenten. Neuer Ministerpräsident Italiens wurde Giovanni Spadolini, ein Repräsentant der Republikanischen Partei. Die christdemokratische Parteifraktion, die für eine Annäherung an die linke Opposition eintrat, befand sich in einer Krise. An der Spitze der immer mächtiger werdenden Sozialistischen Partei behauptete sich der spätere Ministerpräsident Bettino Craxi, auch »der junge Löwe« genannt.

Die DC suchte nach einer neuen Führungskraft, die in der Lage sein sollte, Craxi die Stirn zu bieten. Die linke Strömung und das Zentrum der DC konnten sich auf Ciriaco De Mita einigen, der als linksgerichtet galt und sich schlagfertig und forsch zeigte. Genau das waren die Kriterien, mit denen er seine Aufgabe erfüllen sollte: der christdemokratischen Partei einen Touch von Unverfrorenheit zu geben, ihr ein neues, moderneres Image zu verleihen, um dem aufsteigenden Star Bettino Craxi entgegenzutreten.

De Mitas Konzept war jedoch vielschichtig, und die Hürden, die er zu nehmen hatte, beträchtlich. Für ihn war die Modernisierung der Partei nur durch die Abschaffung der sogenannten Parteioligarchie möglich. De Mita wollte die Partei allein, ohne die Einmischung der einzelnen Fraktionsfürsten führen. Das bedeutete, ganz nüchtern betrachtet: mehr Macht für De Mita.

Seine Anhänger begründeten die Notwendigkeit einer solchen Umstrukturierung der Parteiführung damit, daß Craxi immer mächtiger und gefährlicher würde und daher ein adäquater Gegner notwendig sei, um ihm wirksam entgegenzutreten. Ein solches Konzept paßte all den DC-Mitgliedern ganz und gar nicht, die eine friedliche Koexistenz um der eigenen Interessenwahrung willen vorzogen. Giulio Andreotti war einer der entschiedensten Gegner dieser Lösung.

Die schon seit langen Zeiten existente Aufsplitterung der DC in Parteifraktionen hatte letztendlich auch das besonders im Süden weitverzweigte Netz der Klientelwirtschaft begünstigt und die Basisorganisationen der Partei, die mittlerweile nur noch auf dem Papier existierten, absorbiert. Gerade in diesen Regionen wurde die DC seit Jahren schwerwiegender Verflechtungen mit dem organisierten Verbrechen bezichtigt. Die moralische Dekadenz der Partei setzte sich dann auch sehr rasch in nachprüfbaren Konsensverlust um.

Für eine Neulancierung der *Democrazia Cristiana* und nicht zuletzt zur Erweiterung seiner eigenen Macht hielt De Mita es für angebracht, die politische Präsenz seiner Partei in den großen Städten zu verstärken. Wie überzeugt De Mita auch von einer Erneuerung war, mangelte es ihm in der Praxis an Kohärenz mit seinen Ideen. Zwar kam er vom linken Flügel der DC, tendierte aber jetzt, seitdem er auf dem Stuhl des Parteisekretärs saß, immer mehr nach rechts. Und rechts standen die Herren des »Wohlfahrtsstaats«, die Verteiler der unrechtmäßigen Pensionen, die heftigen Gegner des Scheidungsgesetzes und die noch heftigeren der Abtreibung, die Wirtschaftsspekulanten, die Baulöwen und andere.

De Mita war zwar ein Mann von eisernen Überzeugungen, doch was seine Heimatstadt Avellino bzw. die gesamte Region Irpinia anging, überwog doch das Gefühl der Heimatverbundenheit. Und die drückte er in Dankbarkeit denen gegenüber aus, die ihm seinerzeit beim Start seiner politischen Karriere geholfen hatten. Als 1980 die Region Irpinia von einem heftigen Erdbeben heimgesucht wurde, sorgte er dafür, daß die in Milliardenhöhe zur Verfügung gestellten Staatsgelder großzügig auch an seine Industriellenfreunde verteilt wurden.

Um die moralisch prekäre Situation der DC zu bereinigen, schickte De Mita verschiedene Kommissare des Parteivorstands (in Wirklichkeit eher seine persönlichen Emissäre) in die Kommunalverwaltungen zehn großer Städte Italiens. Dort wurden Parteifunktionäre und Verwaltungsbeamte von neuen Männern aus dem De-Mita-Gefolge ersetzt.

Die zwei Paradebeispiele für diese umwälzenden Erneuerungen waren Palermo und Catania, Symbole für die DC-Fehlregierung. Bei den Kommunalwahlen 1985 verschwanden dort jeweils mehr als die Hälfte der bis dahin amtierenden DC-Gemeinderäte.

Schon im Vorjahr hatte De Mita von Rom aus Leoluca Orlando als Bürgermeister-Kandidaten in Palermo designiert. Die Krise im Gemeindeausschuß Palermo war letztendlich voll ausgebrochen, als der amtierende DC-Bürgermeister Giuseppe Insalaco aufgrund gerichtlicher Ermittlungen gegen ihn wegen eines Grundstücksverkaufs an einen Mafiaverdächtigen zurückgetreten war. Insalaco wurde im darauffolgenden Frühjahr verhaftet und 1988 von der Mafia umgebracht.

Doch bevor Orlando 1984 die vom Parteivorsitzenden angeordnete Kandidatur annehmen wollte, forderte er von den Mitgliedern des Gemeindeausschusses in geheimer Abstimmung eine Vorentscheidung. Das Ergebnis war keineswegs rosig. Nur sieben von einundvierzig DC-Mitgliedern sprachen Orlando ihr Vertrauen aus. Orlando stellte sich 1984 nicht zur Wahl.

Erst im Juli des darauffolgenden Jahres war für Orlando die Zeit reif. Ciriaco De Mita und Bettino Craxi hatten ein Stillhalteabkommen ausgehandelt. Craxi war inzwischen Ministerpräsident geworden. Leoluca Orlando wurde am 15. Juli 1985 mit knapp 37 Jahren zum Bürgermeister der Stadt Palermo gewählt. Er war damit Chef einer klassischen Fünfparteienregierung geworden, die aus Christdemokraten, Sozialisten, Republikanern, Liberalen und Sozialdemokraten zusammengesetzt war.

Eine Regierungskrise in der Stadtverwaltung brachte Orlando 1986 zu einem Rücktritt, den er nach wenigen Tagen und aufgrund einer klärenden Vertrauensabstimmung wieder zurücknahm.

Das Gleichgewicht zwischen DC und PSI als den beiden stärksten Parteien innerhalb des Fünfparteiensystems blieb sowohl auf Lokalebene in Palermo als auch auf nationaler Ebene in Rom weiterhin prekär. Die Ablösung der Fünfparteienregierung in Rom durch eine christdemokratische Einparteienregierung unter

Fanfani hatte unmittelbare Rückwirkungen auf die Situation in der palermischen Kommunalverwaltung. Hier gaben die Sozialisten jetzt deutlicher als zuvor zu verstehen, daß sie nicht weiter mitregieren wollten; unmittelbar nach den Parlamentswahlen 1987 schieden die sozialistischen Mitglieder des Gemeindeausschusses aus der Administration aus. Orlando trat daraufhin von seinem Amt zurück.

An diesem Punkt begann die heftige Auseinandersetzung zwischen Orlando und der sozialistischen Partei. Orlando beschuldigte die Sozialisten, sich bei den Parlamentswahlen in den Wahlbezirken Palermos und anderer Gemeinden Mafiawählerstimmen gekauft zu haben.

Traditionell hatte die alte DC – nicht die Fraktion, die Orlando repräsentierte – massiv den Konsens der Mafia auf sich vereint. Ab Mitte der achtziger Jahre änderte sich das Wahlverhalten der Mafia. Beweis dafür waren die Analysen nach den Wahlen im Palermer Gefängnis *Ucciardone* und in anderen Stadtteilen Palermos, die von maßgeblichen Vertretern der Mafia kontrolliert wurden. Die *Democrazia Cristiana* hatte große Stimmenverluste hinnehmen müssen.

Nach der Wiederwahl Orlandos im August 1987 – nach seinem wiederholten Rücktritt im Juli desselben Jahres – an die Spitze des Gemeindeausschusses, der sich diesmal aus der DC (einschließlich der gegnerischen Fraktion der Andreotti-Anhänger), der Unabhängigen Linken, den Grünen, der katholisch-orientierten Bürgerbewegung »Stadt für den Menschen« und der Sozialdemokratischen Partei zusammensetzte, waren die Sozialisten und andere ehemals klassische Koalitionsparteien in die Opposition gedrängt.

Dieses Ergebnis konnte deshalb als ein »frühlingshafter« Durchbruch bezeichnet werden, weil die fortschrittlich ausgerichteten oder linksorientierten Parteikräfte bislang nie gemeinsam mit einer christdemokratischen Regierung angetreten waren. Der Vertrauenskredit, den Orlando damit bekam, war deshalb besonders kostbar, weil es nicht nur um politisches Machtgebaren ging.

In der neuen »Fünffarbenregierung« waren einige der wichtigsten Vertreter der Antimafia-Bewegung präsent. Das »andere« Palermo, die ehrlichen Bürger, sah, daß es doch Möglichkeiten gab, auch auf politischer Ebene eine Stimme durchzusetzen und Macht zu erlangen.

Die Denunziation der Mafiawählerstimmen für die Sozialistische Partei war eine wichtige Etappe für diese neue Politik der Hoffnung. Es handelte sich also nicht um eine Instrumentalisierung mit rein politischer Zielsetzung. Diese parteipolitisch übergreifende Position des gemeinsamen Kampfs gegen die Mafia vertrat Orlando auch lauthals denen gegenüber, denen die Parteiräson über alles ging.

Eine Episode belegt den Tatbestand der gekauften Wählerstimmen recht deutlich. Orlando erzählt von einer Stippvisite in dem bekanntermaßen mafiaverseuchten Stadtviertel Brancaccio. Zweck von Orlandos Besuch war zu demonstrieren, daß er der Bürgermeister der ganzen Stadt und deshalb auch der von Brancaccio sei.

»Ich begab mich in einige Wahllokale, um mit den dortigen Wahlhelfern ein Schwätzchen zu halten. Am Ende meiner Runde beschloß ich, in einem Café auf der zentralen Piazza einen Kaffee zu trinken. Da geschah etwas Seltsames. Ich bin ein populärer Bürgermeister, und die Leute, denen ich begegne, kommen normalerweise auf mich zu, schütteln mir die Hand oder bitten um ein Autogramm.

An jenem Wahltag, es war zwölf Uhr mittags, trank ich meinen Kaffee ganz allein, keine einzige Person näherte sich mir. Ich schaute auf die Straße und erkannte einen Freund, der schnell vorüberging und mich nur sehr flüchtig anschaute, fast als wolle er mich um Verzeihung dafür bitten, daß er nicht eintrat, um mich zu begrüßen. Und schon war er verschwunden. Da hatte ich die Gewißheit, daß die Gerüchte über die Mafiawählerstimmen, die mir zu Ohren gekommen waren, durchaus fundiert und wahr waren. Die DC der Erneuerung durfte man nicht wählen. Die am Abend bekanntgegebenen Wahlergebnisse bestätigten das.

Am nächsten Morgen schrieb ich ein Kommuniqué: ›Es gibt zur Besorgnis Anlaß, daß ganze Gebiete, die traditionellerweise mit der organisierten Mafiakriminalität verbunden sind, sich auf bestimmte politische Parteien beziehen.‹

Ich diktierte diesen Text, ohne mich darüber mit jemandem zu besprechen; hätte ich das gemacht, hätte man mir sicherlich zu Mäßigung und Vorsicht geraten. Ich sah die Gesichter der zahlreichen DC-Gemeinderäte vor mir, die eben aufgrund ihrer Beziehungen zu den Mafiazonen nicht mehr als Kandidaten aufgestellt worden waren, und sagte mir, daß es doch nicht möglich sein kann, den Eindruck zu verbreiten, man wolle den Kampf gegen die Mafia nur als Mittel zur Lösung interner Parteikonflikte verwenden.«

4. »Mut hat er, das muß man ihm lassen!«

Neu in der politischen Landschaft – gewiß nicht nur in der italienischen – ist Orlandos Pathos, seine gefühlsschwangere Sprache, seine naive Beharrlichkeit.

Seinen Austritt aus der *Democrazia Cristiana* beschreibt er mit Worten, die einer klassischen Tragödie entnommen sein könnten: »Der größte Schmerz für mich war der, mich jeglicher Hoffnung auf Veränderung beraubt zu fühlen, als wäre sie mir aus dem Herzen geschnitten worden. Das geschah, als mir klar wurde, daß einige wenige nicht repräsentable Männer innerhalb des Parteiapparats mehr zählten als das Lächeln auf Tausenden von Gesichtern freier Bürger, die die Kraft gehabt hatten, sich als solche zu verhalten. Sie hatten sich für die Hoffnung entschieden, gegen den Klientelismus, den Profit, die Gewalt.

Aus der DC auszutreten war für mich in gewissem Maß gleichbedeutend damit, mich vom Mörder der Hoffnung abzuwenden.«

Hinter dem Pathos dieser bühnenreifen Sprache verbirgt Orlando knallharte Botschaften für seine Anhänger. Eine klarere Sprache sprechen seine Gesten. Sie zeugen von einer Eigenschaft, die ihm keiner aberkennt: Mut.

Mut, sehr viel Mut, gehört schon dazu, in einer wunderschönen und unerbittlichen Stadt wie Palermo, dem Lieblingsfeudum der DC, Politik zu machen. Die Liste der Mafiaopfer ist lang und füllt viele Seiten der Geschichtsbücher.

Ein Zeichen großen Mutes bedeutete folgende Geste Orlandos, der im Januar 1988 als amtierender Bürgermeister bei der Beerdigung seines Vorgängers Giuseppe Insalaco in der überfüllten Kathedrale von Palermo einen der Sargträger beiseite stieß und selbst den Sarg mit auf seine Schultern nahm. Dieser Geste war nichts hinzuzufügen.

Insalaco, DC-Mitglied und seinerzeit Abgeordneter im Regionalparlament, war eine sehr umstrittene Figur in der palermischen Politik. Auch er war wegen Korruption im Gefängnis gelandet. Sein Verdienst bestand aber darin, daß er in den wenigen Monaten seiner Amtszeit als Bürgermeister heftige Anklagen gegen einige Politiker vorgebracht hatte. Das nach seinem Tod aufgefundene Gedächtnisprotokoll enthält aufsehenerregende Hinweise auf die Verflechtungen von Mafia, Politik und Geheimdiensten. Auf diesen Seiten nennt er namentlich auch seine zukünftigen Mörder. Leider ist dieses wichtige Dokument nie in seiner ganzen Breite als gerichtliches Beweismaterial gewürdigt worden.

Gleich nach seiner Ermordung verbreiteten sich in der ganzen Stadt Gerüchte, die besagten, daß Insalaco nicht wegen eines politischen Racheakts und durch die Hand der Mafia getötet worden sei. »Die übliche Strategie des Infragestellens, der Verleugnung, des Spurenverwischens.«

»Im Leichenschauhaus befanden sich um den aufgebahrten Leichnam des ehemaligen Bürgermeisters nur seine Familienangehörigen. Man sagte mir, daß ich die einzige öffentliche Person sei, die dem Toten einen letzten Besuch abstatte. Und der einzige blieb ich auch.«

Die Atmosphäre bei der Totenmesse war für Orlando unerträglich. Die Leute trugen ihre Verachtung für den Toten offen zur Schau, so als verdammten sie mehr den Toten als seine Mörder.

Und deren Absicht war es, Insalaco noch als Toten so zu isolieren, wie sie es mit ihm als Lebenden gemacht hatten, damit all die Geheimnisse, die er während seiner Laufbahn in Palermo erfahren hatte, mit ihm zusammen ein für alle Mal unter der Erde verschwänden.

Orlando hat für Insalaco und um der Wahrheit willen diesen Plan mit seiner Geste durchkreuzt und ihm, wenn auch zu spät, das Stück Öffentlichkeit ermöglicht, das ihm das Leben gerettet hätte, hätte er es zuvor und in größerem Maße gehabt. Orlando mit wilden schwarzen Augen, der grünweißroten Schärpe des Bürgermeisters um den Leib. Seine rechte Schulter verwandelte sich schlagartig in einen »Felsen«, auf dem das schlechte Gewissen der regierenden Klasse bleischwer lastete.

Geradezu einen Akt der Herausforderung an Orlandos Mut stellt folgende Episode dar: Schauplatz Corleone, das weltberühmte mafiaverseuchte Städtchen, Wiege der blutrünstigsten Mafiosi. Orlando mußte 1987 aus Anlaß einer Wahlkundgebung eine Ansprache auf der Piazza von Corleone halten. Der Ortsvorsitzende der DC trat an ihn heran und sagte: »Wissen Sie, hier sollte man besser nicht von der Mafia reden.«

»Ja wie? Warum bin ich dann überhaupt hergekommen? Schnell verbreitete sich die Nachricht, daß ich über die Mafia reden würde. Als ich auf die Rednerbühne stieg, war ich plötzlich ganz allein. Keiner wollte neben mir gesehen werden. Die Signalwirkung war eindeutig: Orlando spricht in seinem Namen und auf seine Kosten. Ich erinnere mich noch gut an jenen Abend: das Grüppchen der Ortsprominenz unter der Rednerbühne, weil sie einfach nicht anders konnten. Ich vor dem Rathaus, die Leute auf den Gehsteigen, die so taten, als wären sie gerade zufällig vorbeigekommen. Ich sprach von Riina, Bagarella, Ciancimino, von Personen also, die jeder aus der Bevölkerung von Corleone persönlich kannte und deren Verbündeten oder Verwandten die Leute täglich auf der Straße begegneten. Natürlich wurde ich am Schluß der Wahlkundgebung aufgefordert, aus Sicherheitsgründen den Ort so schnell wie möglich zu verlassen. Und seit jenem Tag habe ich keine Einladung mehr von der DC aus Corleone bekommen.«

Natürlich ist Orlando trotzdem noch einige Male in Corleone gewesen. Zum Beispiel wenige Tage nach der Verhaftung des gefürchteten Mafiabosses Toto Riina. Und dieses Mal waren sehr viele Leute gekommen, um Orlando zu sehen und zu hören.

»Die Verhaftung von Riina war wie eine Befreiung.«

Doch damit war es noch nicht genug. Einige Tage später hinterbrachte ihm ein Freund die verhüllten Drohungen gegen den Bürgermeister von Palermo, die in Corleone hinter vorgehaltener Hand ihre Runde machten: »›So manch einer fragt sich, was denn dein ganzer Sicherheitsapparat wert sei.‹ Das war ein besorgniserregendes Zeichen.«

Und Orlando hebt den Fehdehandschuh auf und begibt sich, ohne das Polizeipräsidium oder die Carabinieri zu benachrichtigen, nach Corleone, zur großen Besorgnis seiner Leibwächter natürlich. Dort trifft er zu der Tageszeit ein, zu der sich die Leute auf der Piazza versammeln, um Bekannte zu treffen, ein Schwätzchen zu halten. Zu Fuß und in Begleitung seiner nervösen Bodyguards, die ihre Waffen nicht zeigen dürfen, spaziert er durch die Hauptstraße von Corleone. Er trinkt etwas in den Cafés, betritt die Kirchen und bleibt stehen, um mit den Leuten zu plaudern.

»Dieser Spaziergang inmitten der Leute von Corleone sollte demonstrieren, daß ich mich auch ohne ein Heer von Beamten mit gezückten Maschinengewehren zu meinem Schutz sicher fühle. Ein Weg, um den ehrlichen Bürgern von Corleone zu sagen, daß ich mich von ihnen beschützt fühle!«

Ganz im Gegensatz zu Ciriaco De Mita, ehemals Pate bei Orlandos erster Wahl zum Bürgermeister.

Als De Mita 1984 nach Cianciminos Verhaftung begriff, daß eine Umwälzung, eine radikale Veränderung der DC seinen Eingriff in Palermo erforderlich machte, begann er auch, tatsächlich öfter in die sizilianische Hauptstadt zu kommen.

De Mita »hatte eine seltsame, fast schon neurotische Beziehung zu dieser Stadt. Sie war wie ein Gradmesser einer großen Angst. Jedes Mal, wenn er die Stadt verließ, rief er vom Autotelefon aus zu Hause an und teilte seiner Familie mit großer Erleichterung mit: ›Ich verlasse gerade Palermo.‹ Es schien so, als wolle er sagen: ›Auch dieses Mal habe ich es geschafft, mit heiler Haut davonzukommen.‹

Diese Geschichte ärgerte mich ein wenig, und ich versuchte, ihn deshalb immer etwas aufzustacheln. Es war bei der Wahlkampfkampagne 1986, als ich mich mit De Mita im selben Wagen befand, und kaum hatten wir das Ortsausgangsschild PALERMO hinter uns gelassen, hob er wieder wie üblich den Hörer und rief zu Hause an.

Ich sagte nichts. Als wir in der ersten Ortschaft der Region Madonie angekommen waren, wo De Mita eine Rede halten sollte, stieg ich aus dem Auto, gab mich dabei ganz besonders vorsichtig und sagte zu ihm: ›Siehst du den Mann dort mit dem Bart? Das ist ein bekannter und höchst gefährlicher Mafioso.‹

›Ja, aber wie, hier in Termini Imerese?‹

›Warum? Ja, meinst du tatsächlich, daß die Mafia auf Palermo beschränkt ist? Und siehst du den ande-

210

ren, den, der gerade auf uns zukommt? Nimm dich ja vor dem in acht. Wenn man dich mit dem untergehakt in der Öffentlichkeit sieht, dann ist deine politische Karriere hinüber!‹

Vielleicht haben diese Späße ihm dazu verholfen, die Realität besser zu begreifen, in der wir tagtäglich leben.«

5. Ist Mafiagegner ein Beruf?

Am 10. Januar 1987 veröffentlichte die Zeitung *Corriere della sera* einen Artikel von Leonardo Sciascia mit dem Titel: »Die Antimafia-Profis« und dem Untertitel: »Die gut dokumentierte Analyse des englischen Historikers Christopher Duggan zum Phänomen der Kriminalität unter dem Mussolini-Regime – Auch in einem demokratischen System kann es vorkommen, daß jemand persönlichen Profit aus dem Kampf gegen das organisierte Verbrechen zieht. Männer im öffentlichen Dienst legen wortreich ihr Engagement gegen die Mafiaclans dar und vernachlässigen dabei ihre eigentlichen Aufgaben innerhalb des Verwaltungsbereichs.« Das war ein Schlag ins Gesicht für Orlando und den Richter Borsellino.

Am Ende dieses langen und weit ausholenden Artikels, der die Geburt der *Democrazia Cristiana* aus dem wirklich christlich angelegten *Partito Popolare* des Geistlichen Don Sturzo und die Rolle der Mafia vor und während des Faschismus abhandelt, zieht Sciascia folgende Schlußfolgerungen:

a) Der Faschismus stellte den Kampf um die öffentliche Ordnung und Sicherheit zur Erreichung seines totalitären Machtanspruchs an erste Stelle. Jegliche Art und Form von Dissens konnte leicht als »mafi-oses« Verhalten etikettiert werden, so daß der Anti-mafia-Kampf automatisch zum Instrument der herr-schenden Macht wurde.

b) Um dieses Axiom auf ein demokratisches System zu übertragen, spricht Sciascia von »einem Bürger-meister« – 1987 war Orlando Bürgermeister – »der beginnt, sich aus innerer Überzeugung oder aus Kalkül heraus als Mafiagegner zu exponieren – in Fernsehin-terviews, bei Besuchen öffentlicher Schulen, auf Kon-ferenzen, Versammlungen, bei Protestkundgebungen: Er widmet diesen Auftritten seine ganze Zeit. Natür-lich kann er sich nicht mehr mit den Problemen des Landes oder der Stadt befassen. Trotzdem fühlt er sich in seiner Position absolut sicher. Vielleicht wird es ir-gend jemand ganz schüchtern und von außen wagen, ihm sein geringes Engagement für die Belange der Administration vorzuwerfen. Aber wer von den Inter-nen, d.h. aus dem Stadtrat oder aus seiner Partei, wird es je wagen, einen Mißtrauensantrag gegen ihn zu stellen oder eine Aktion in Gang zu setzen, die seinen Rücktritt erforderlich macht? Vielleicht hat jemand tatsächlich diesen Mut. Doch geht dieser dann zwangsläufig das Risiko ein, als Mafioso abgestempelt zu werden ...«

Die Geschichte hat bewiesen, daß diese scharfe Kritik, anstatt als konstruktiver Denkanstoß zu dienen, selbst wieder zum Instrument für die Mafia und ihre Freunde wurde. Viele meinten, vor allem innerhalb der Parteien des Stadtrates, ein Antimafia-Bürgermeister sei nicht mehr notwendig. Die Zügel, die Sciascia dem aufkeimenden Optimismus innerhalb des Antimafia-Kampfes mit seinem Aufruf zur Reflexion anlegen wollte, verfehlten auf lange Sicht gesehen ihre Wirkung. Auch wenn die Sciascia-Anhänger nun Einfluß auf das politische Geschehen in Palermo nehmen wollten, war die scharfe Attacke des Schriftstellers doch eher wie ein reinigender Regenguß.

Am Tag nach dem Erscheinen des Artikels flog Orlando zusammen mit Falcone nach Moskau. Natürlich sprachen sie über die unweigerlich aufkommenden Polemiken. Orlando versuchte, das Geschehene mit einem sizilianischen Sprichwort auszulegen: »Wenn's regnet, kommen die Hörner der Schnecken zum Vorschein.«

»Der Artikel von Sciascia hatte genau diese Bedeutung: Er war der Regen, der die Hörner von Tausenden von Schnecken ans Tageslicht kommen ließ – Schnecken, die bislang mit der bloßen Vorzeige-Antimafia verwechselt werden konnten.«

Der Angriff Sciascias brachte die wirklichen Mafiagegner, die aus Fleisch und Blut, dazu, sich nun endgültig an die vorderste Front zu stellen, klar und deutlich Farbe zu bekennen.

Dabei ging es letztendlich nicht (nur) um die Figur Leoluca Orlandos (oder des ebenfalls angegriffenen Richters Borsellino); die Sache selbst war in Gefahr. Und deshalb war die kalte Dusche des Sciascia-Artikels wie ein Warnsignal vor der Instrumentalisierung des Kampfs gegen die Mafia und ein Aufruf zu bedingungsloser Verantwortungsbereitschaft aller.

Leoluca Orlando ist ein Mafiagegner aus Fleisch und Blut, mit Leib und Seele.

IV
Lebenslauf
Leoluca Orlando

1.8.1947	geboren in Palermo als drittes der sieben Kinder von Salvatore Orlando Cascio und Eleonora Cammarata
1953	Grundschulbeginn, überspringt die erste Klasse
1965	Abitur am Jesuitengymnasium Gonzaga in Palermo. Bester Abiturient sämtlicher humanistischer Gymnasien Italiens Immatrikulation an der Juristischen Fakultät der Universität Palermo
1968	Abschluß des Studiums mit dem Prädikat *summa cum laude* im Sommer erster Aufenthalt in Heidelberg
1969	Heirat mit Milly Lupo in Palermo
1969/1970	zweiter Aufenthalt in Heidelberg (September bis Juni)
1970	Tätigkeit als Rechtsanwalt für Verwaltungsrecht in der Kanzlei seines Vaters Am 1.12.1970 Ruf als Assistent an die Universität Palermo
1974	Geburt der Tochter Eleonora
1975	Eintritt in die *Democrazia Cristiana*
1978	Geburt der Tochter Leila

216

1978-1980   Juristischer Berater des Präsidenten der Region Sizilien, Piersanti Mattarella

1980   DC-Stadtrat in der Gemeindeverwaltung von Palermo

1983   Assessor für die Dezentralisation im Gemeindeausschuß unter der DC-Bürgermeisterin Elda Pucci

1984   DC-Parteisekretär Ciriaco De Mita stellt Leoluca Orlando als Kandidat für die nach dem Rücktritt von Giuseppe Insalaco notwendig gewordenen Neuwahlen für das Bürgermeisteramt von Palermo auf. Orlando erhält jedoch nicht die notwendigen Stimmen.

16.7.1986   Orlando wird als Bürgermeister an die Spitze einer Fünf-Parteien-Stadtregierung gewählt.

1986   Maxi-Prozeß gegen die Mafia, bei dem die Stadtverwaltung unter Orlando als Nebenkläger auftritt.
Krise im Gemeindeausschuß, christdemokratische Assessoren geben ihre Mandate zurück. Orlando stellt die Vertrauensfrage – das negative Ergebnis führt zu seinem Rücktritt, den er nach erneutem Wahldurchgang jedoch wieder zurücknimmt.

1987   Heftige Auseinandersetzungen mit der Sozialistischen Partei auf kommunaler und nationaler Ebene führen zum Rücktritt vom Bürgermeisteramt (6.7.1987).

Am 16.7. wählt eine aus DC, Sozialdemokratischer Partei, Unabhängiger Linken, Grünen und der Bürgerbewegung »Stadt für den Frieden« bestehende Stadtregierung Leoluca Orlando zum Bürgermeister und Aldo Rizzo von der Unabhängigen Linken zu seinem Stellvertreter. Republikanische, Sozialistische und Liberale Partei sowie die neofaschistische MSI gehen in die Opposition. Die Kommunisten haben Orlando mit ihren Stimmen unterstützt, gehören aber formal nicht zur Stadtverwaltung.

1988   Eine Gruppe von Gemeindearbeitern inszeniert vor dem Palermer Rathaus ein makabres Schauspiel: Zwei Särge mit der Aufschrift Leoluca Orlando und Aldo Rizzo führen den Zug einer Demonstration für das Recht auf Arbeitsplätze an.

1989   Die Kommunistische Partei wird in die Stadtverwaltung Palermos aufgenommen.

23.1.1990   Die Stadtverwaltung unter Orlando tritt zurück.

7.5.1990   Bei den Kommunalwahlen kann Leoluca Orlando 71.000 Stimmen auf sich vereinigen. Trotzdem tritt er bald darauf zurück, da die DC sich weigert, die PCI in die Stadtverwaltung aufzunehmen.

Zum Jahresende tritt Orlando aus der DC aus. Fundamente für den Zusammenschluß RE-TE werden gelegt.

21.3.1991 Offizielles Gründungsdatum der RETE – *Movimento per la democrazia*. Orlando ist ihr Koordinator auf Landesebene.

1992 Orlando wird als RETE-Abgeordneter ins italienische Parlament gewählt.

21.11.1993 Mit 75 % der Wählerstimmen wird Orlando abermals Bürgermeister von Palermo.

13.6.1994 Orlando wird ins Europaparlament gewählt.

Glossar

Accademia delle Belle Arti: Akademie der Schönen Künste.

Amgot, Allied Military Government of Occupied Territory (alliierte Militärregierung der besetzten Gebiete): So nannte sich die Militärverwaltung der Alliierten nach dem Einmarsch in Sizilien im Jahr 1943.

Consiglio Superiore della Magistratura (Oberster Richterrat): Der aus 23 Fachleuten aus der juristischen Theorie und Praxis zusammengesetzte Rat garantiert die Autonomie der Justiz. Er bestimmt über die Karriere von Richtern und eventuelle Disziplinarmaßnahmen. An seiner Spitze steht der Staatspräsident.

Cosa Nostra (Unsere Sache): Synonym für die Mafia.

Democrazia Cristiana (DC): Die Christdemokratische Partei Italiens wurde nach dem Fall des Faschismus im Jahre 1943 gegründet. Sie bestimmte fast fünfzig Jahre lang die politische Landschaft Italiens. Seit der Entdeckung und Verfolgung der als »Tangentopoli« bekanntgewordenen Korruptionsskandale zu Beginn der neunziger Jahre, in die auch die herausragendsten Politiker der DC verwickelt sind, hat die Partei immer mehr an Profil verloren. An ihre Stelle trat schließlich der Partito Popolare (Volkspartei).

EVIS, Esercizio Volontari Indipendenza Italiana (Freiwillige Kämpfer Westsiziliens): Illegales Heer der sizilianischen Separatisten zur Zeit der Besetzung der Insel durch die alliierten Truppen im Zweiten Weltkrieg.

Forza Italia: Die Partei wurde im Jahr 1993 von dem erfolgreichen Mailänder Industriellen Silvio Berlusconi gegründet. Sie ist dezentral in Clubs organisiert. Ihr Vorsitzender Berlusconi ist seit den Parlamentswahlen im März 1994 italienischer Ministerpräsident. Die vorrangigen politischen Ziele von Forza Italia sind Privatisierung und Liberalisierung.

La RETE, Movimento per la democrazia (*Das Netz, Bewegung für Demokratie*): Im Frühling des Jahres 1991 gründete Leoluca Orlando nach seinem Ausscheiden aus der Democrazia Cristiana zusammen mit Gesinnungsgenossen aus allen politischen Parteien des Mitte-Links-Spektrums in Rom die Partei »La RETE«. Ziel dieses ideologieübergreifenden Zusammenschlusses von Berufspolitikern und Bürgerinitiativen ist die Lösung der politischen und moralischen Krise Italiens. Der mit den Mitteln intensiver Öffentlichkeitsarbeit geführte Kampf gegen die Mafia und für eine Demokratisierung sämtlicher Lebensbereiche steht dabei an erster Stelle.

Lega Nord: Die vor allem in Norditalien erfolgreiche Partei setzt sich für einen föderalistischen Staat und ein liberalistisches Wirtschaftssystem ein. Parteivorsitzender ist Umberto Bossi. Die Lega Nord ist als einer von drei Koalitionspartnern an der Regierung Berlusconis beteiligt.

Movimento sociale italiano (MSI, *Italienische Soziale Bewegung*): Die neofaschistische Partei wurde 1946 gegründet. Vor den italienischen Parlamentswahlen im März 1994 änderte sie ihren Namen in »Alleanza Nazionale« (AN) um. Parteivorsitzender ist der Journalist Gianfranco Fini. Die Alleanza Nazionale ist als einer von drei Koalitionspartnern an der Regierung Berlusconi beteiligt.

Omertà: Das Gesetz des Schweigens, dem sich alle Mafiaangehörigen zu beugen haben.

Palermer Frühling: In Anlehnung an den Prager Frühling wurden so die politischen Veränderungen umschrieben, die in Palermo nach Leoluca Orlandos Neuantritt als Bürgermeister im August 1987 mit einer Mitte-Links-Regierung dem Kampf gegen die Mafia eine glaubwürdige Basis gaben.

Partito Communista Italiano (PCI, Kommunistische Partei Italiens), seit dem »Ende des Kommunismus« in **Partito Democratico Socialista (PDS,** *Sozialdemokratische Partei*) umbenannt: Nach dem Zweiten Weltkrieg war der PCI lange Zeit die mitgliederstärkste Kommunistische Partei des Westens. Es gelang ihr allerdings nie, sich in Italien gegen die Übermacht der Christdemokraten durchzusetzen und die Regierung zu bilden. Auch in der sogenannten Zweiten Republik nach dem Sturz der DC bleibt sie unter dem Vorsitzenden Massimo d'Alema in der Opposition.

Partito Socialista Italiano (**PSI**, *Sozialistische Partei Italiens*): Diese Partei bestimmte mit einem Wählerpotential von ca. 10 % das politische Schicksal Italiens in den achtziger Jahren, als ihr Vorsitzender Bettino Craxi wiederholt Ministerpräsident war. Er stand an der Spitze des damals herrschenden Fünfparteiensystems. Heute ist sein Name Synonym für Korruption, der PSI politisch bedeutungslos.

Pentito (der Reumütige): Umschreibung für Mafiamitglieder, die sich entschlossen haben, ihr Schweigegelübde gegenüber der Organisation zu brechen und mit der Justiz zusammenzuarbeiten.

Bibliografie

(alle im Text abgekürzt zitierten Titel)

AA. VV., *Sulla pelle dello Stato,* Palermo 1991

Alajmo, Roberto, *Epica delle città normale – Orlando,* Palermo 1993

Arlacchi, Pino, *La Mafia Impenditrice – l'etica mafiosa e lo spirito del capitalismo,* Bologna 1983 (deutsch: Mafiose Ethik und der Geist des Kapitalismus. Die unternehmerische Mafia, 1989)

Balistreri, Beppe, *Falcone, La Sicilia e la Mafia,* in: MicroMega, Dezember 1993

Baudo, Adele Hg., *Leoluca Orlando: Un'altra pagina – Diario palermitano,* Palermo/Sao Paolo 1993

Cattedra, Nicola, *Il filo nero – la mafia: vita quotidiana e patti segreti nel racconto di un testimone,* Mailand 1993

Deaglio, Enrico, *Raccolto rosso. La mafia – l'Italia. E poi venne giù tutto.* Mailand 1993

Dizionario storico della mafia, Rom 1977

Galli, Giorgio, *Mezzo secolo di DC,* Mailand 1993

Gullo, Tanouno und Naselli, Andrea, *Leoluca Orlando – il palladino nella RETE,* Rom 1991

Leopardi, Giacomo, *Diskurs über den aktuellen Sittenstand der Italiener*

Lupo, Salvatore, *La storia della mafia,* Rom 1993

224

Pantaleone, Michele, *Omertà di Stato – da Salvatore Giuliano a Totò Riina,* Neapel 1993

Perriera, Michele, *Orlando – Intervista al sindaco di Palermo,* Palermo 1988

Rizzo, Laura, *Le pepite di Palermo,* Catania 1993

Salemi, Rosella, *Ragazzi di Palermo – storie di rabbia e di speranza,* Mailand 1993

Savatteri, Gaetano, *La sfida di Orlando,* Palermo 1993

Scalia, Salvatore, *Il vulcano e la sua anima,* Catania 1989

Sgalambro, Manlio, *Storia dell'isola,* in: Sicilia Illustrata, April 1991

Vaiarelli, Giacomo, *Società Civile e Criminalità organizzata,* in: Dove sta Zazà, Heft 3/4 1994

Band 60349

Claire Sterling
Die Mafia

Die international agierende sizilianische Mafia hat ihre frühen amerikanischen »Ableger« längst überholt. Mit ihren schier unbegrenzten Mitteln übt sie nun auch entscheidenden Einfluß auf mulitnationale Industrie- und Dienstleistungsunternehmen aus.

Durch unglaublich schwierige, gefährliche Recherchen ist es Claire Sterling gelungen, Informationen, Details, Dokumente und Aussagen der verschiedensten Leute zusammenzutragen. Sie zeichnet so das umfassende Bild der größten Verbrecherorganisation, einer wahren Geißel der Menschheit. Ihr Buch übertrifft an Materialfülle und Details, an Genauigkeit und Enthüllung alles, was bisher zu diesem Thema geschrieben worden ist.